大连外国语大学 2017 年度学科建设经费资助出版

对外汉语特殊句式十讲

孙冬惠　著

中国戏剧出版社
CHINA THEATRE PRESS

图书在版编目（CIP）数据

对外汉语特殊句式十讲 / 孙冬惠著. — 北京 : 中国戏剧出版社, 2018.8
ISBN 978-7-104-04694-3

Ⅰ. ①对… Ⅱ. ①孙… Ⅲ. ①汉语—句法—对外汉语教学—自学参考资料 Ⅳ. ①H195.4

中国版本图书馆CIP数据核字(2018)第167798号

对外汉语特殊句式十讲

项目策划：张恒军
责任编辑：王松林
项目统筹：杨晨叶　张　霞
责任印制：冯志强

出版发行：中国戏剧出版社
出 版 人：樊国宾
社　　址：北京市西城区天宁寺前街 2 号国家音乐产业基地 L 座
邮　　编：100055
网　　址：www.theatrebook.cn
电　　话：010-63385980（总编室）
传　　真：010-63383910（发行部）

读者服务：010-63387810
邮购地址：北京市西城区天宁寺前街 2 号国家音乐产业基地 L 座

印　　刷：北京鑫瑞兴印刷有限公司
开　　本：787mm×1092mm　1/16
印　　张：17.25
字　　数：270千字
版　　次：2018年8月　北京第1版第1次印刷
书　　号：ISBN 978-7-104-04694-3
定　　价：68.00元

前　言

现代汉语中部分句式虽然非常常见，相关语法研究成果也非常丰富，但与其他语言句式相比体现出自己的独特性，尤其在对外汉语教学中其独特性更凸显出来，成为对外汉语教学的重点和难点之一。尤其是从留学生作文情况来看，往往会出现诸多使用上的偏误，这些特殊句式也自然应当成为对外汉语教学的重点和难点，也是对外汉语教学研究的重点。

所谓“特殊句式”，是相对于一般句式而言的，即在句法、语义、语用三个平面上都具有一定的特殊性的句式。基于不同的研究或教学目的，语言学界对所谓“特殊句式”的认定也并不一致，如在语言教学领域影响很大的《中学教学语法系统提要》中，提出了4种特殊句式：“把”字句、“被”字句、连动句、兼语句。宋玉柱先生在《现代汉语特殊句式》中又增加了3种：存现句、主谓谓语句、可逆句，总计达到7种，并全面探讨了汉语中的特殊句式。齐沪扬先生等《对外汉语教学语法》第九章“句式”也提出了7种特殊句式，但是与宋玉柱先生不同的是，其中并不包括主谓谓语句和可逆句，而是增加了比较句和“连”字句两大类。

结合对外汉语教学的实际情况，我们选择10种特殊句式：“把”字句、“被”字句、“使”字句、“让”字句、“由”字句、存现句、连动句、兼语句、双宾语句、比较句为例，基于留学生作文语料库和北京语言大学HSK动态作文语料库作为基本研究语料，结合现代语言学理论通过对汉语十种特殊句式的语法特征和偏误进行描写和分析，在此基础上具体探讨特殊句式在对外汉语教学应采取的教学策略。

研究方法包括对比分析法、中介语理论，等等。对比分析理论在外语教学上的作用，主要是通过母语和目的语的对比，找出它们之间的异同，总结出母语对目的语学习的干扰的规律，预测和解释学习者的难点与偏误。但是母语干扰只能预测和解释一部分偏误，许多偏误还需用中介语来解释。中介语理论主要是分析学习目的语所产生的偏误的原因以及纠正偏误的方法，并不否认母语在外语学习中的干扰作用，语言对比分析理论主要是预测和解释学习者学习目的语的困难，因此两者在对待偏误分析上是互为补充的。对比分析理论、中介语理论各有所长，并不能互相代替。

研究思路：首先对特殊句式分类探讨，详细描写其语法特征；其次考察偏误句的类型及其偏误原因，从母语负迁移、目的语泛化、学习策略、教学等几个方面考察其偏误原因；最后提出教学策略。对外汉语教学与传统的现代汉语教学在教学内容、教学方法等各个方面都有诸多的不同点，尤其是特殊句式的教学更具有复杂性，既要根据汉语句式的特点和难易程度进行分级，又要对不同母语的学生的偏误情况具体分析，才能提高教学效率和教学效果。

研究意义：对外汉语特殊句式研究的成果对留学生作文中特殊句式使用的正确句、偏误句进行全面分析，基于语义分析重点探讨其句法偏误的各种类型，进而探讨对现代汉语特殊句式的对外汉语教学策略，为对外汉语教学提供借鉴。

研究特色：本书的一大特色是大量使用公式法进行讲解。句式的基本结构等都用公式法进行标记，这样可避免大段的文字讲解和术语说明，使师生都能一目了然，对句法功能、语序等做到心中有数，直观明了，便于指导教学和学生接受。本书把语法点的讲解和偏误分析结合起来，这可以说是本书的一大亮点，避免单独讲解语法点或单独进行偏误分析，这可以让一线对外汉语教师切身感受到教学中只知道知识点是不够的，还要预测和分析留学生在习得目的语过程中可能遇到的偏误。同时针对学生出现的各种偏误现象能做出有效的解释，这是一名合格的对外汉语教师应该具备的基本能力。本书避免大段理论讲解，而是针对教学中可能遇到的重点和难点以及 HSK 考试中考点要求有针对性地进行讲解。重点选取留学生真实的例子进行分析，尽量做到简明实效。并且对每个偏误的例子做到穷尽性说明，按照偏误的共性进行分类，不仅说明偏误产生的原因而且指出教学对策，实用性强。

本书在写作过程中借鉴了很多专家学者的研究成果，并参考了相关的专著和论文，这些参考文献和课堂实录在行文中和每一讲的参考文献中尽量标明出处，如有遗漏，敬请原谅。

因水平所限，定有错漏之处，请各位同人、专家学者批评指正。

孙冬惠

2018 年 3 月

Contents

目录

第一讲

“把”字句

有关“把”字句的研究，可以上溯到1924年黎锦熙在《新著国语文法》一书中的论点。他从句法结构分析入手，首创“提宾”说，认为“把”的作用就在于把之前位于谓语动词之后的宾语提到谓语动词之前。王力在《中国语法理论》中，从语法意义角度提出了“处置”说，这也成为后来的汉语语法界有关“把”字句语义争论的核心。吕叔湘在《中国文法要略》中，提出了“把”字句的“三说”：行为动词说、宾语有定说、谓语复杂说。之后的“把”字句本体研究大都从这三家基础上发展演变来的。

“把”字句是汉语中比较独特的动词谓语句，其他语言中几乎没有与“把”字句相对应的句型结构。学习这样一种陌生的句式，对于二语习得者而言，其难度是非常大的。这主要的原因有以下几点：一是“把”字句的用法很复杂。“把”字句对动词的要求，动词前后的成分规定，以及什么时候必须用“把”、什么时候可以用“把”、什么时候不能用“把”等，都没有明确的规则，这些都让学生在组织语言的同时，感觉无规可循，造成偏误率偏高。二是现有的“把”字句教学方法并不能给学生有效的指导。对外汉语教学界常常会把“把”字句作为相对独立的语法结构来看待，而忽略了“把”字句和其中的具体语境、内在成分搭配等内在关联。虽然教材、教师等对“把”字句语义的关注越来越多，但是何谓“处置”，至今仍没有很好的解释。“把”字句在多数教材中最早出现的时间是一年级，但“把”字句使用的偏误在初中高阶段都屡见不鲜。因此，“把”字句的偏误现象不得不引起我们的注意与思考。

“把”字句是汉语特有的一种句型，其句式比较复杂，在交际中使用频率较高，外国学习者对其理解和把握也比较困难。因此，“把”字句就成了对外汉语教学的重点和难点，受到的重视程度也越来越高。很多对外汉语教学专家、学者将其作为教学研究的重要课题之一。“把”字句造成的同义句式也非常普遍，如“我把作业写完了”这句话还可以说成“我写完作业了”“作业我写完了”“我作业写完了”；“把门开开”还可以说“开开门”“开一下门”。这些同义句式的选择是非常困扰留学生的问题，也是教学中对外汉语教师比较棘手的问题。

一、“把”字句的语法特征

关于“把”字句的句法语义语用分析很是丰富，有很多学者从语义角度进行分析，如张旺熹（1991）认为，汉语是一种“意合”语言，其语法形式的语义内容和语境有很大的关联，“把”字句的语义包含三个方面的内容：表达目的的意义、结果的意义以及手段的意义。张宁、刘明臣（1994）认为“把”字句的表达公式可以表示为：A 把 B+VP，其语义特点是：通过某一动作，B 移动了位置，改变了形状，或受到了影响。高立群、李凌（1994）通过实验研究得出，中国读者阅读“把”字句时的空间位移图式有心理现实性，留学生关注更多的是“事件”。吕文华（1994）经过归纳总结后指出，“把”字句的句式语义可以大致分为六类。熊文新（1996）在大量分析语料的基础上，把“把”字句的语义类型分为四大类，四类语义有一个共同点就是——变化。吕必松（2010）在深入剖析了“把”字短语的基础上，将“把”字句分成“处置”式、“对待”式以及“致使”式，并分别结合表达公式，概括出三类各自的语义结构特点。

针对对外汉语教学实际，结合“把”字句教学的本体依据，此部分我们运用大量例句，从语言事实出发，较为全面地归纳出了“把”字句的语义内涵和使用规则，力图为“把”字句教学提供借鉴。我们从以下几个方面对“把”字句的语法特征进行描写。

（一）“把”字句的结构特点

“把”字句是由介词“把”与别的词语构成的介词短语（简称为“把”字短语）在句子谓语中心语前充当状语的句子，例如：“我把作业写完了。”

1. 主要表现在“把”字短语所修饰的中心语大多不能是“光杆”的，“把”后总有别的成分，动词一般不能单独出现，尤其不能出现单音节动词，通常后有补语，宾语，动态助词，至少也要有动词的重叠式。例如：

（1）他把纸条从桌子底下递给我。

（2）哥哥把球踢爆了。

（3）老王把钱还给我了。

例（1）、例（2）、例（3）分别是状中短语、述补短语、述宾短语。

（4）父亲把儿子给打了。

（5）快把药吃了。

例（4）、例（5）中用了“了”。

（6）快把教室打扫打扫。

（7）我们把下面的议题研究研究。

例（6）、例（7）中是动词重叠形式。

（8）她的打扮把我吓傻了。

（9）这么多考试把我折腾死了。

例（8）、例（9）的中心语是形容词性词语，此时的“把”具有一定的“致使”意义。

注意：“把”字句中的动词除了不能是“光杆动词”，多数情况下是动作性较强的及物动词，例如“打、做、收拾、整理、批评、处理”，而心理动词、判断动词、能愿动词等不具动作性的动词，以及虽有动词性却是不及物的动词，一般不能进入“把”字句中。

（1）* 我把那个女孩儿喜欢了。

（2）* 我把这件事敢做。

（3）* 玛丽把北京来过了。

（4）* 他把自己病了。

2. “把”字句的宾语在意念上是有定的已知的人或事物，因此前面会带上这那一样的修饰语。例如“你把那个手机拿给我看看”可以说，而“你把一个手机拿给我看看”则不能说，因为前者的“手机”是定指的，而后者的“手机”是不定指的。

（1）玛丽把那本汉语书买到了。

* 玛丽把一本汉语书买到了。

（2）我把那件事告诉她了。

* 我把一件事告诉她了。

注意：如果用无定的泛指的词语，常是泛说一般的道理。例如：

（3）不能把感情当成儿戏。

（4）不能把良言不当回事。

3.“把”字句中，如果出现表示时间或否定的副词、时间名词、能愿动词充当的状语，通常在“把”字的前面，而不在“把”的后面。例如：

（1）弟弟已经把作业写完了。

* 弟弟把作业已经写完了。

（2）老师没把这件事告诉我父母。

* 老师把这件事没告诉我父母。

（3）他曾经把人抓错过。

* 他把人曾经抓错过。

（4）玛丽能把汉语学好。

* 玛丽把汉语能学好。

（5）你应该把这件事告诉我。

* 你把这件事应该告诉我。

4.“把”的连带成分，也叫“把”的宾语，主要是体词性词语，如上述各例。有时也可以是谓词性词语。例如：

（1）她总把助人为乐当成一件小事。

（2）他从不把考试作弊当成一回事。

（3）孩子们把孝敬父母看成一件大事。

注意：不是有“把”字结构的都叫“把”字句，充当状语的“把”字短语如果不在句子的主要谓语动词前的句子，不能看成“把”字句，例如：“我觉得你把领导得罪了。”这个句子的“把”字短语在宾语中，“你把领导得罪了”是“觉得”的宾语。整个句子不是“把”字句，而是“动宾谓语句”。“把他抚养成人的是他的养母。”这个句子的主语是“的”字短语“把他抚养成人的”，因此整个句子也不是“把”字句。

（二）“把”字句与其他句式的转换关系

“把”字句和不少句式存在着转换关系，下面举例说明。

1.“把”字句——“被”字句

“把”字句与“被”字句关系极为密切，主要是施事与受事变换了位置。大多数“把”字句中“把”的宾语挪前做主语，就可变成“被”字句。例如：

（1）警察把小偷抓住了。（施事：警察　受事：小偷）

小偷被警察抓住了。（受事：小偷　施事：警察）

（2）妈妈把米饭做煳了。（施事：妈妈　受事：米饭）

米饭被妈妈做煳了。（受事：米饭　施事：妈妈）

2.“把”字句——“主—动—宾”句

“把”的宾语如果挪到动词后做宾语，“把”字句就可变换成“主—动—宾”句。例如：

（1）玛丽把作业写完了。

玛丽写完作业了。

（2）安东把自行车还给我了。

安东还给我自行车了。

3.“把”字句——兼语句

“把”的宾语如果充当兼语，“把”字句就变为兼语句。例如：

（1）孩子们把老人送到马路对面。

孩子们送老人到马路对面。（“老人”为兼语）

（2）秘书把小王叫到办公室外面。

秘书叫小王到办公室外面。（“小王”为兼语）

4.“把”字句——双宾语句

“把”的宾语如果放到动词后作远宾语，则“把”字句变为双宾语句。例如：

（1）你把那件事告诉我吧。

你告诉我那件事吧。（“那件事”作远宾语）

（2）老师把这个方法教给我。

老师教给我这个方法。（“这个方法”作远宾语）

5.“把”字句——述补谓语句

“把”的宾语可以充当做补语的主语，则“把”字句变为述补谓语句。例如：

（1）哥哥把我吓得脸都白了。

哥哥吓得我脸都白了。（“我”作“我脸都白了”的主语）

（2）我把弟弟馋得口水都流出来了。

我馋得弟弟口水都流出来了。（“弟弟”作“弟弟口水都流出来了”的主语）

（三）“把”字句各成分之间的语义关系

李勉东（2004）认为“把”字句内部成分间有较复杂的语义关系，可以从三个方面观察。

1.“把”的宾语和动词。二者之间以受事与动作关系为最多见，也有其他一些关系。例如：

（1）司机把孩子撞倒了。（动作—受事）

（2）他切肉把刀切坏了。（动作—工具）

（3）你把裙子下摆缝个花边吧。（动作—处所）

（4）把饭吃完了。（动作—结果）

肖祥忠（2008）认为“把”的宾语（B）和动词（V）之间的语义关系可以归纳为7种。举例为：

1. B是V的施事

沙发椅把人都坐懒了。

2. B是V的受事

张老师把他批评了一通。

3. B是V的处所

我们把房间堆满了书。

4. B 是 V 的方式成分

我把打乒乓球作为锻炼身体的方法。

5. B 是 V 的当事

这天把人热得喘不过气来。

6. B 为第二动词的当事

张三把帽子骑丢了。

7. B 为第二动词的施事

老王把妻子咳醒了。（肖祥忠 2008：56-57）

2. “把”的宾语和动词后的宾语。有些“把”字句，动词后还可带宾语，二者之间也有一定的语义关系。李勉东（2004）归纳出 5 类。例如：

（1）他把买来的《汉语》书借给他几本。（整体—部分）

（2）她把脸涂了淡淡的粉底。（受事—材料）

（3）姥姥把布条做成了新衣服。（材料—结果）

（4）他把墙上挂满了我的照片。（处所—受事）

（5）把钱还给小王吧。（受事—与事）

例（1）中的“《汉语》书”和“几本”是整体部分的关系；例（2）中的“脸”和“粉底”是受事和材料的关系；例（3）中的“布条”和“新衣服”是材料和结果的关系；例（4）中的“墙上”和“我的照片”是处所和受事的关系；例（5）中的“钱”和“小王”是受事和与事的关系。

3. 句子的主语和动词。“把”字句的主语，通常以施事为多见。例如：

（1）你把垃圾带走。（施事—动作）

（2）妈妈把饭做好了。（施事—动作）

李勉东（2004）指出含“致使”义的“把”构成的“把”字句的主语，应该有另一种更好的解释。如：

（1）你可把我气死了。

（2）手机把眼睛看坏了。

例（1）等于说：“因为你，我可气死了。”例（2）的主语隐含有一个动词“看”，相当于说：“因为看手机，把眼睛看坏了。”所以，可以解释为因果关系。

肖祥忠（2008）认为主语（A）与动作（VP）之间的语义关系表现为以下3种。

（1）A是V的施事

他把手里的东西扔在床上。

（2）A是V的受事

这个班的学生把张老师教怕了。

（3）A是VP的原因

玩游戏机把人都玩懒了。（肖祥忠 2008：56）

（四）使用“把”字句需要注意的问题

1．“把”字短语和谓语之间不能加能愿动词、否定副词、时间词。

“把”字短语和谓语之间不能加能愿动词、否定副词、时间词，它们一般放在“把”字前面。

1.1 能愿动词

“把”字句中如有能愿动词，不能放在“把”字后面或动词的前面，要放在“把”的前面。如：

（1）* 我把能这块石头扔到那里。（不能放在“把”的后面）

改正：我能把这块石头扔到那里。

（2）* 你把这件事应该告诉我。（不能放在谓语动词的前面）

改正：你应该把这件事告诉我。

1.2 否定副词

在“把”字句中，如果有否定副词“不”和“没 / 没有”的话，他们应当放在“把”的前面而不应当放在动词前面。如：

（1）* 我把今天的事情没办好。（“没”不能放在谓语动词前面）

改正：我没把今天的事情办好。

（2）* 我把那封信没寄走。（“没”不能放在谓语动词前面）

改正：我没把那封信寄走。

1.3 时间词语

表示时间的词语不能放在“把”的后面或动词前面，一般应放在“把”的前边或主语的前边，作状语。如：

（1）* 玛丽把书昨天还给图书馆了。

改正： 玛丽昨天把书还给图书馆了。

或改正： 昨天玛丽把书还给图书馆了。

2.“把”字句动词后不能带可能补语。

“把”字句动词后不能带可能补语，因为可能补语表示的只是一种可能，并不是动作的结果，而“把”字句的一个基本句义是表示某一动作或行为对某事物的影响结果。二者语义矛盾，不能存在同一个句子的表达中。如果“把”字句要表示可能的意思的时候，用助动词“能”或“可以”放在“把”的前面。如：

（1）* 我把作业做得完。

改正： 我能把作业做完。

（2）山本能把黑板上的字记得住。

改正： 山本能把黑板上的字记住。

3. 助动词不能放在谓语动词前面。

助动词不能放在“把”字的后面；助动词要放在“把”字的前面。如：

（1）* 我把这本书应该还回图书馆去。

改正： 我应该把这本书还回图书馆去。

（2）* 我把这个人敢辞退。

改正： 我敢把这个人辞退。

4.“把”字句的谓语动词后一般不单独用助词“过”。

动态助词“过”很少单独用于“把”字句的谓语动词后，因为“过”只表示曾经有某种经验、发生某种事情，而不表示动作有无结果。如：

（1）* 亚历山大把北京烤鸭吃过。

改正： 亚历山大吃过北京烤鸭。

（2）* 我把这个电影看过两遍。

改正：我看过这个电影两遍。

但如果有了表示结果意义的补语，在动补短语后可以用“过”。例如：

（3）他很马虎，把自己的名字都写错过。

（五）“把”字句的句法格式

Ⅰ.“把”字句和补语连用

基本格式 1：主语 + 把 + 宾语 + 动词 + 结果补语 + 了

杰克 把 作业 写 完 了

他 把 事情 弄 明白 了

基本格式 2：主语 + 把 + 宾语 + 动词 + 趋向补语 + 了

我 把 钱 取 回来 了

玛丽 把 书 拿 出来 了

基本格式 3：主语 + 把 + 宾语 + 动词 + 得 + 状态补语

父亲 把 孩子 打 得 哇哇哭

妈妈 把 房间 布置 得 很漂亮

基本格式 4：主语 + 把 + 宾语 + 形容词、心理动词 + 程度补语

小明 把 妈妈 担心 死了

你 把 我 吓 死了

基本格式 5：主语 + 把 + 宾语 + 动词 + 了 + 时量补语

老师 把 他 批评 了 半天

安东 把 这首歌 练 了 三个星期

基本格式 6：主语 + 把 + 宾语 + 动词 + 动量补语

你们 把 座位 换 一下

你 把 课文 读 一遍

Ⅱ.“把”字句和介宾短语

基本格式 1：主语 + 把 + 宾语 + 动词 + 在 + 处所

杰克 把 衣服 扔 在 洗衣机里

玛丽 把 书 放 在 桌子上

基本格式 2：主语 + 把 + 宾语 + 动词 + 到 + 处所

他 把 车 开 到 门口

我们 把 孩子 送 到 医院

基本格式 3：主语 + 把 + 宾语 + 动词 + 给 + 人

我 把 礼物 送 给 朋友

妈妈 把 包裹 寄 给 我

基本格式 4：主语 + 把 + 宾语 + 动词 + 成、作 + 事物

老师 把 汉语 翻译 成 英语

我 把 老师 当 作 朋友

Ⅲ．"把"字句动词的其他附加形式

基本格式 1：主语 + 把 + 宾语 + 动词 +（一）+ 动词

你 把 电视 修 一 修

你 把 房间 打扫 打扫

基本格式 2：主语 + 把 + 宾语 + 动词 + 了

我 把 钱包 丢 了

你 把 药 吃 了

基本格式 3：主语 + 把 + 宾语 + 动词 + 宾语 + 了

他 把 这件事 告诉 我 了

玛丽 把 小狗 送 人 了

基本格式 4：主语 + 把 + 宾语 + 状语 + 动词

孩子 把 地板 乱 画

你 把 绳子 往上 拽

基本格式 5：主语 + 把 + 宾语 + 一 + 动词

她 把 眼泪 一 擦

他 把 油门 一 踩

基本格式 6：看 + 把 + 宾语 + 形容词、心理动词 + 得

看 把 妈妈 急 得

看 把 杰克 喜欢 得

否定格式：主语 + 没 + 把 + 宾语 + 动词 + 其他

我	没	把	作业	写	完
玛丽	没	把	书	带	来

二、“把”字句的偏误分析

在现代汉语中，“把”字句是一个特殊和常用的句式。由于它在汉语中使用频繁，因此我们不能回避忽略，必须重视起来。由于很难在其他语言中找到相应句式，因此留学生接受起来难度很大，必须找到合适的应对方法。这个句式结构复杂、限定繁多，加上“把”字句教学贯穿在对外汉语教学的各个阶段，因此“把”字句一直是对外汉语教学中的重难点，是留学生学习汉语的一个难题。近年来，学术界在“把”字句本体和对外汉语教学方面取得了一定的研究成果，“把”字句的教学获得了不少理论支持。然而，在对外汉语教学实践中，教师教授的情况和学生使用的情况却反映了不少问题。如很多教师对“把”字句的处理欠妥、留学生在“把”字句上的偏误较多且情况复杂等。

这部分我们重点分析“把”字句的偏误类型、偏误产生原因，希望能为“把”字句教学提供一定的参考和有益的补充，最终达到使留学生减少偏误率、更好地掌握“把”字句的目的。我们首先从“把”字句偏误入手，分析偏误句子，归纳出留学生常见的偏误类型。然后分析偏误产生的原因，试图从语言本体角度寻求合理解释，把字句偏误产生的根本原因是留学生对把字句语义的理解不透。此外，母语的负迁移、目的语泛化、学习者的学习策略、教师教材等也是产生偏误的重要原因。在统计初级阶段汉语习得者“把”字句偏误现象的分布情况时，结合现在对外汉语课堂教学中“把”字句的主要教学方法及练习设计方法的考察，对产生“把”字句偏误的各种类型进行归因分析，以期改进“把”字句教学方法。偏误分析一方面可以从一定程度上丰富现有的对外汉语语法教学理论；另一方面，通过数据分析、归因分析等方法，探索出更适合汉语习得者的“把”字句教学方法，降低“把”字句的偏误率。

（一）谓语动词不能是光杆动词

（1）吃完饭以后，我就把衣服洗。

改正：吃完饭以后，我就洗衣服。抑或我就把衣服洗洗。我就把衣服洗了。

（2）我还没把作业交呢。

改正：我还没交作业呢。抑或我还没把作业交上去呢。我还没把作业交给老师呢。

解析：在汉语里，“把”字句中谓语动词不能是光杆动词，也就是说不能只有一个动词而没有其他任何附加成分。因为“把”字句是强调动作的处置结果或影响，而单独的动词很难表达此义，所以要连带一些其他说明成分，如“了”、补语、宾语等。

（二）谓语动词要带有处置性和影响性

1.* 心理动词不可以

（1）虽然汉语很难，但麦克把汉语很喜欢。

改正：虽然汉语很难，但麦克很喜欢汉语。

（2）离开俄罗斯一年多了，娜塔莎很把爸爸妈妈想。

改正：离开俄罗斯一年多了，娜塔莎很想爸爸妈妈。

解析：“把”字句中要求谓语动词是带有处置性的动词，而“心理动词”是表示心理感受的，不表示对宾语的处置，所以不能用在“把”字句中。如果要使用的话，可以在心理动词或形容词后面补出程度补语，因为程度补语本身表示结果。如：

麦克把汉语喜欢得不得了。

这个工作把他累得要命。

2.* 趋向动词不可以

（1）尼古拉已经把大连来过好多次了。

改正：尼古拉已经来过大连好多次了。

（2）来中国两年了，我一次也没把韩国回去。

改正：来中国两年了，我一次也没回韩国去。

解析：“把”字句中要求谓语动词是带有处置性的动词，而“趋向动词”虽然是动作动词，但更多强调动作的方向，“来”只是说动作发生了，但对宾语“大连“没有产生任何影响，同样，“回去”也指表示动作的完成，对宾语“韩国”也没有产生任何影响，所以不能用在“把”字句中。

（3）警察说了三遍，小偷才把钱出来。

改正：警察说了三遍，小偷才把钱拿出来。

（4）那个窗帘脏了，你把它下来我好洗洗。

改正：那个窗帘脏了，你把它拽下来我好洗洗。

解析：这两个例子中也是用了趋向动词作谓语，这里的偏误主要是学生对复合趋向动词的过渡泛化，学生知道复合趋向动词也可以单独使用，如“出来一个人”。这里误将趋向动词作补语的功能遗漏，而夸大了趋向动词作谓语的功能。因为“出来钱”是不合法的，“出来”是不及物动词，这也和学生对趋向动词作补语的用法掌握不好有关，事实上留学生是非常不习惯使用这类补语的，因为在他们的母语里很少有两个动词连在一起使用的，这也是受到母语负迁移的影响。

3.* 不及物动词不可以

（1）那辆车开得太快，把过马路的老大爷倒了。

改正：那辆车开得太快，把过马路的老大爷撞倒了。

解析：这显然是学生对“把”字句谓语动词的过渡泛化造出的。在学生看来，“倒”是表示结果的动词，可以说“房子倒了”“人倒了”。所以当然可以用在“把”字句中，因为老师讲过“把”字句就是表示动作的结果的。但是他们忽略了一点，“把”字句中“把”后面的宾语是表示受事的，也就是说后面的动词与该宾语是“动作—受事”的关系。该动词一定是及物动词。而“倒”显然是不及物动词。所以不能用在“把”字句中。如果想用在“把”字句中，一定把真正的动作动词补出来，如“撞倒了”“碰倒了”。

（2）在杰克的真心追求下，他终于把玛丽约会了。

改正：在杰克的真心追求下，他终于和玛丽约会了。

解析：这个句子的偏误是学生对“约会”这个词的错误认识。留学生常常误将“约会”视为及物动词，因为他们常常说“约会朋友”，与母语的“date”等同。而汉语中“约会”是不及物动词，只能说“跟＋人＋约会”。所以不能说“约会玛丽”，自然不能用在“把”字句中。

（3）这老两口终于把这个新房子住了。

改正：这老两口终于把新房子住上了。

解析：“住”也是不及物动词，与动作只能构成“动作—处所”关系，而不是“动作—受事”关系，显然留学生也把此类动词的功能泛化了。如果想用“把”字句，可以在动词后面加上表示结果类的词语，如“住上”“住满”等。

4.* 判断存现动词不可以

（1）因为巴特学习好，所以我们把她是班长了。

改正：因为巴特学习好，所以我们把她选为班长了。

（2）这是我最喜欢的礼物，我把它有了十年了。

改正：这是我最喜欢的礼物，我有它十年了。或我把它保存十年了。

（3）考试的时候，我把很多错误出现了。

改正：考试的时候，我出现了很多错误。或我把很多错误暴露出来了。

解析：“是”是判断动词，“有”“出现”是表示存现的动词，都不表示具体的动作，所以都不能用在“把”字句中。

5.* 感知动词不可以

（1）虽然刚来大连，可我已经把很多中国朋友认识了。

改正：虽然刚来大连，可我已经认识很多中国朋友了。

（2）最终张老师还是把我们的意见同意了。

改正：最终张老师还是同意了我们的意见。

解析：像“认识”“同意”这类的动词表示心理的感受和认知，而不表示动作性，所以一般不用在“把”字句中。此外像“感觉、认为、以为、反对、希望、盼望”等都属于这一类。

6.* 离合动词不可以

（1）睡觉前，妈妈把孩子洗澡了。

改正：睡觉前，妈妈给孩子洗澡了。

（2）经过了四年的学习，我终于把大学毕业了。

改正：经过了四年的学习，我终于大学毕业了。

解析：“洗澡”“毕业”都是离合词，离合词是特殊的“动宾格”，由于已经有了宾语，本身不可以再接宾语，所以“把”字句后面的宾语不能再出现，自然不能用在“把”字句中。部分离合词可以把名词性成分提前，做“把”字句的宾语，后面单用一个动词，如“赶紧把婚离了”“把我的心伤了”“把澡洗了”等。

（三）谓语不能是形容词

（1）孩子要睡觉，你把声小点儿。

改正：孩子要睡觉，你小点儿声。或你把声开小点儿。

（2）杰克每天上网，以至于把眼睛坏了。

改正：杰克每天上网，以至于把眼睛看坏了。或以至于眼睛坏了。

解析：“把”字句中谓语不能是形容词，因为形容词不表示动作，自然无处置义，如果要用“把”字句，可以补出动词，形容词作结果补语。

（四）“把”字句不能和可能补语连用

（1）你把这些衣服洗得干净吗？

改正：你能把这些衣服洗干净吗？或这些衣服你洗得干净吗？

（2）杰克把这个问题猜不出来。

改正：杰克不能把这个问题猜出来。或这个问题杰克猜不出来。

解析：这是留学生对可能补语的过度泛化，认为“把”字句也可以使用可能补语。事实上，两者不可以在一起使用。因为“把”字句是表示动作发生后，对宾语产生什么样的影响，预设是该动作已经发生。而可能补语是表示可能性和不可能性，既然是可能性，动作自然还没有发生。所以二者语义上是矛

盾的。这在前面我们讲可能补语的使用偏误中也提到过。（李大忠 1996：143）

（五）宾语要是确知的

（1）安妮把一个房子找到了。

改正：安妮把这个房子找到了。安妮把房子找到了。或安妮找到了一个房子。

（2）他把一个秘密发现了。

改正：他把这个秘密发现了。他把秘密发现了。或他发现了一个秘密。

解析：“把”字句是强调动作对“把”字句后面的受事的处置，因此说话双方自然知道要处置的对象，所以在意念上要求“把”字句中“把”后面的宾语是确知的，也就是说是说话双方都知道的。所以不能是“很多房子”“一个房子”这样的不定数量短语，而应是“这个房子”“他的房子”这样的定指短语或单个名词。

（六）“没”和其他副词的位置

（1）我把作业还没做完呢。

改正：我还没把作业做完。

（2）杰克怎么把这件事才告诉你呀？

改正：杰克怎么才把这件事告诉你呀？

解析：这两个句子的偏误主要是学生对副词的过度泛化造出的。学生知道，汉语中否定副词或其他副词要放在动词前面，说明动作或状态的。所以即使在把字句中，他们也很自然地把副词放在动词前面，这就造出了偏误。而事实上，在汉语“把”字句中，如果有否定副词或其他副词时，一般要放在“把”的前面，而不是谓语动词前。

（七）能愿动词的位置

（1）我一个小时把作业能写完。

改正：我一个小时能把作业写完。

（2）你怎么把这件事可以告诉他呢？

改正：你怎么可以把这件事告诉他呢？

解析：这个偏误是由留学生对能愿动词的过度泛化造出的。学生知道，能愿动词一般要放在动词之前，于是他们很自然地将“能”和“可以”放在“把”字句后面的动词前。但汉语“把”字句中，能愿动词和否定副词是一样的，要放在“把”字句的前面。

（八）描写性状语的位置

（1）杰克把比赛忍着疼痛坚持了下来。

改正：杰克忍着疼痛把比赛坚持了下来。

（2）他一字不差地把偷听来的话告诉给了别人。

改正：他把偷听来的话一字不差地告诉给了那个人。

解析：前面说过在“把”字句中，如果谓语动词有副词修饰，那么一般要放在“把”字句的前面。但对于其他状语来说，情况比较复杂。例（1）中“忍着疼痛”是指向主语“杰克”的，所以要放在主语后，“把”字句的前面。例（2）中“一字不差”指向谓语动词“告诉”，所以要放在动词前。徐晶凝（2008）也举例为：

他笑着把门打开了。

* 他把门笑着打开了。

他把东西乱七八糟地堆在那里。

* 他乱七八糟地把东西堆在那里。

但由于“把”字句是主动句，描写性状语大部分是修饰主语施事的，所以一般放在主语后，“把”字句的前面。

（九）动词遗漏

（1）我把作业本在宿舍里了。

改正：我把作业本放在宿舍里了。

（2）你把作业完了吗？

改正：你把作业做完了吗？

解析：这是学生对“把”字句的错误理解造成的。过分强调动作的结果，而忽略了动词。例（1）“在宿舍里”是介宾短语，学生以为可以说“作业本在宿舍里”，所以就泛化到“把”字句里。“把”字句里介宾短语前必须有谓语动词才可以。这个偏误也有可能是学生对应表达的动词不清楚，所以故意遗漏。例（2）是过分夸大了“完”的句法功能，以为口语里可以说“作业完了吗”，所以在“把”字句里也直接这样说。

（十）语义搭配矛盾

（1）巴特把饭吃在宿舍里。

改正：巴特在宿舍里吃饭。

（2）安妮把衣服买在商店。

改正：安妮在商店买衣服。

解析：这是学生对“把”字句“把 + 宾语 + 动词 + 在 + 处所”基本格式的过度泛化。这里需要强调的是，这里的“动词”和“处所”的关系是有一定限制的。

把照片贴在纸上　* 在纸上贴照片

把钱放在钱包里　* 在钱包里放钱

也就是说，该句式不是从“在 + 处所 + 动词 + 宾语”句式转化而来的。

在宿舍吃饭　* 把饭吃在宿舍

在商店买衣服　* 把衣服买在商店

那么如何区别呢？它们在语义上有何差异？通过比较我们发现：在“把”字句“把 + 宾语 + 动词 + 在 + 处所”结构中，谓语动词带有【+ 位移性】语义特征，受事宾语在动作之前与动作之后位置是不同的，正是通过动作的发生使宾语发生位置上的移动，而移动的终点就是“处所”宾语。

贴照片——照片在纸上　放钱——钱在钱包里

而“在 + 处所 + 动词 + 宾语”结构中，处所只表示动作发生的地点，而不是“宾语”位移后的地点。如“商店”只是“买衣服”的地点，而不是“衣服”通过“买”才在商店里的。同样，我们可以说“把饭吃在肚子里”但不能说“把饭吃在宿舍里”，这就不难理解了。

（3）杰克把汉语学得很努力。

改正：杰克学汉语学得很努力。

（4）安东把题做得头疼。

改正：安东做题做得头疼

解析：前面我们说过，“把”字句中可以有状态补语。但这里为什么不可以呢？学生是把状态补语过度泛化了。我们将可以用在“把”字句中的状态补语和不能用在“把”字句中的状态补语进行比较。我们发现，问题的关键在于补语的语义指向不同。如果状态补语指向谓语动词，则可以变成“把”字句。如果状态补语的语义指向主语，则不可以变成“把”字句。

（5）妈妈把这件事说起来。

改正：妈妈说起这件事来。

（6）杰克觉得把汉语学起来很难。

改正：杰克觉得汉语学起来很难。

解析：这里是学生对趋向补语“起来”的过度泛化。学生知道可以说“把书拿起来”，自然过渡到“把这件事说起来”“把汉语学起来”。我们发现，这里“起来”的意思不是其本义，而是引申用法。例（5）是“开始”义，例（6）是“尝试作出评价”。既然表示“开始义”和“尝试义”那么动作自然还没有发生，这和“把”字句的动作完成后的状态正好相矛盾，所以，当“起来”表示这两种引申用法时，不能用在“把”字句中。如果是其他引申用法，则没有问题。如：

下课了，大家把书收起来。（集中）

（7）小明把书读给妈妈。

改正：小明给妈妈读书。

（8）杰克把照片看给老师。

改正：杰克给老师看照片。或杰克把照片给老师看看。

解析：这是学生对“把＋宾语＋动词＋给＋人”格式的过度泛化。这里的“动词”不是一般意义的动词，而是带有【＋给予】特征的词。如“送”“买”“借”等。它表示的是通过“动作”使“宾语”发生位置和所属的改变，由一方到另一方。而例（7）和例（8）中“读”和“看”不具有此特征，要表达的意思也不是要使事物发生位置上的改变。“妈妈”并没有得到“书”，“老师”也并没有得到“照片”，所以不能用在“把”字句中。

（9）把这个字写写清楚。

改正：把这个字写清楚。

（10）把屋子扫扫干净。

改正：把屋子扫干净。

解析：这是学生对“把”字句的使用格式和动词重叠的过度泛化。他们以为可以说“把这个字写写”，也可以说“把这个字写清楚”，所以把它们杂糅到一起，形成了这个偏误的句子。问题还在于学生不了解汉语中动词重叠后不能加结果补语，这是形成偏误的另一个主要原因。

（十一）语序混乱

（1）把从书包里钥匙拿出来。

改正：从书包里把钥匙拿出来。或把钥匙从书包里拿出来。

（2）请你把他给本子。

改正：请你把本子给他。

（3）从图书馆把这本书还了。

改正：把这本书还给图书馆了。

解析：这是学生初学“把”字句时所犯的几个错误。主要是对“把”字句的基本结构和语义没有弄清楚。可参看第一部分“把”字句的语法结构。

（十二）回避使用“把”字句

（1）玛丽告诉这件事给妈妈了。

改正：玛丽把这件事告诉（给）妈妈了。

（2）杰克递这本书给我。

改正：杰克把这本书递给我。

解析：这种偏误的产生来自于两个方面。一是受到母语负迁移的影响。按照英语的语序，上面两个句子分别被翻译成：

Mary told this thing to her mother.

Jack passed this book to me.

这里学生完全模仿英语的语序而造出这两个汉语句子。汉语中双宾语句有两种表达：

动词 +（给）+ 人 + 事物（送给他礼物）

把 + 事物 + 动词 +（给）+ 人（把礼物送给他）

而没有这样的表达：* 送礼物给他。双宾语句中事物宾语一般是不定指的，如果定指则一般用把字句，强调对受事的处置。所以一般不说“* 玛丽告诉给妈妈这件事了”“* 杰克递给我这本书”。而说“玛丽把这件事告诉给妈妈了”“杰克把这本书递给我”。

（3）安东贴自己的照片在学生证上了。

改正：安东把自己的照片贴在学生证上了。

（4）玛丽换美元成人民币了。

改正：玛丽把美元成人民币了。

解析：这两个例子和例（1）例（2）有相同的偏误原因，即学生受到母语负迁移的影响。翻译成英语分别是：

Andong stick his photo on the student card.

Mary changed dollar into Renminbi.

很显然，学生是完全按照母语的语序翻译成汉语的。他们不习惯用“把”字句，也不太清楚什么时候需要用，所以就回避。这两个句子是典型的“把”字句，由介宾短语作补语，说明动作对受事的处置。

（十三）“把”字句意义的偷换

例子如下：

（1）他把中国同学教汉语。（“给”的误用）

改正：他给中国同学教汉语。

（2）他会把筷子吃饭。（“用”的误用）

改正：他会用筷子吃饭。

（3）我上学期把很多时间追一个女同学。（“拿”的误用）

改正：我上学期拿很多时间追一个女同学。

（4）我把他大叫一声。（“对、向”的误用）

改正：我向他大叫一声。

解析：上述例子均出自于李大忠（1996：148-150），该部分例举了“把”字句中“把”和其他介词的误用，学生把“把”字句的意义过度泛化。

以上我们对偏误句子进行了统计并作了归类和分析，可以看出虽然“把”字句偏误存在不同的类型，形成偏误的原因大致分为两种情况：一是对“把”字句使用规则掌握不牢；二是对“把”字句语义理解不透。留学生在形成偏误的过程中，可能过度重视句式本身在使用规则方面的构成，而往往忽视了对句式在使用上的语义规则。我们以“回避现象”为例，“回避”是一种学习策略，是指学生不明白什么时候该用“把”字句，既然不明白，干脆就不选择使用这个句式，往往造成该用而没用的语用偏误，如“给我你的手机”，这样说句法上没用问题，但说成“把你的手机给我”则更符合语用需要。再谈谈泛化现象，是学生不明白什么时候不该用“把”字句。这两大类问题都反映出学生的目的语知识不足，其中对“把”字句语义理解不透是最本质的问题。成年留学生具有较强的归纳总结、分析推演的能力，对于老师讲授的句式和使用规则能够快速记忆并类推使用，然而在语义理解不透基础上的类推就很容易产生偏误。这也反映出“把”字句传统教学中的一些问题。如传统课堂中，教师偏重对“把”字句的形式进行操练，对“把”字句的语义解释却很笼统，常常点到为止，很少从微观角度去辨析相近词语和相近句式的细微差别。同时过多地操练句式，不考虑“把”字句在语段中的作用，使“把”字句教学无法关注与上下文语境的关系。这在一定程度上也反映出“把”字句本体研究上的欠缺。

近年来，“把”字句本体方面虽然取得了一定的研究成果，却难以汇集成普遍、统一的理论认识，无法为“把”字句教学提供全面、完善的教学依据和方法。另外现有的研究成果也未能完全合理地运用到教学中去，未能找到一条使学生容易习得的教学捷径。除了目的语知识不足外，还存在一些其他因素的影响。“把”字句句式内部限定繁多，学生出于畏难心理选择回避使用。但由于此句式在汉语中使用频繁，因此作为教学重点，教师过分强调，练习和考试中反复考察。这就造成了学生对其过分关注，为了使用而使用，以至于对“把”字句规则的不适当类推，产生偏误。因此“把”字句教学中，教师既要鼓励学生使用，又要注意避免矫枉过正。

三、“把”字句的教学对策

前面我们从“把”字句本体研究入手，结合对外汉语教学实践，抓住“把”字句常见偏误问题进行重点分析研究，梳理出“把”字句偏误的几种主要类型，并以偏误分析理论为基础，分析产生偏误的原因，制定避免或减少偏误的相应教学对策，以期对提高“把”字句的教学水平有所帮助。针对“把”字句偏误的主要问题，结合教学实践研制相应教学对策。主要从“把”字句句式的教学顺序、理论与实践相结合、分类施教、教师素养提升、循序渐进等几个方面提出具体教学方法及注意事项。

“把”字句是汉语特有的一种句式，外民族学习者难以掌握，这给“把”字句教学增加了难度。“把”字句教学应遵循哪些原则，采取什么样的教学对策，在不同教学阶段教授什么样的句式才能尽量减少偏误的发生，这些都是需要深入探讨研究的问题。

（一）“把”字句句式的教学顺序

在对外汉语教学中“把”字句在各阶段的教学顺序一直是一个令人困扰的问题。根据“把”字句本体研究成果将“把”字句句式总结为 15 种。（崔希亮 1995，吕文华 1994，赵淑华、刘社会、胡翔 1997，范晓 2001）。《HSK 汉语水平考试大纲》中对汉语“把”字句的 19 种句式进行了排序。从上述对“把”字句句式研究成果中可以看出“把”字句句型的多样性及复杂化，如何正确掌握和运用“把”字句本体研究成果所总结的 15 种句式与《HSK 汉语水平考试语法大纲》中所列出的 19 种句式，加强“把”字句的教学，这对对外汉语教师和学习者都是一个极大的挑战。

结合“把”字句本体研究的 15 种句式与《HSK 汉语水平考试语法大纲》中汉语“把”字句的 19 种句式，加上吕文华对“把”字句出现频率的研究，以及对外汉语教学的实践，徐德芳（2012）对“把”字句句式做了新的挑选与排序，将排序句式列出如下。

（一）初级阶段

1. S+ 把 +N+V+ 了

○ 1 我把冰箱里的蛋糕吃了。

○ 2 他把那些难过的事忘了。

2. S+ 把 +Nl+V 在 / 给 / 到 / 向 +N2

○ 1 她把衣服放在沙发上了。

○ 2 请把车停到路边。

○ 3 你把文件交给经理吧。

3. S+ 把 +N+V+ 结果补语

○ 1 他把文章看懂了。

○ 2 我把这一课的生词学会了。

4. S+ 把 +N+V+ 趋向补语

○ 1 她把行李拿走了。

○ 2 他把桌子搬过去了。

（二）中级阶段

5. S+ 把 +N+V（一 / 了）V

○ 1 他请经理把文件看一看。

○ 2 我把地板擦了擦。

6. S+ 把 +N+V+ 状态补语

○ 1 她把房间收拾得干干净净。

○ 2 妈妈把屋子布置得漂漂亮亮。

7. S+ 把 +N+V+ 程度补语

○ 1 那部恐怖电影把她吓坏了。

○ 2 公司的事把他急得要命。

8. S+ 把 +N1+V+ 成 / 作 +N2

○ 1 他要把欧元换成美元。

○ 2 她把小狗当作自己的好朋友。

9. S+ 把 +N+V+ 动量补语

○ 1 请你把这次会议的情况介绍一下。

○ 2 我把课文的录音听了三遍。

10. S+ 把 +N+V+ 时量补语

○ 1 父亲把弟弟关了一小时。

○ 2 妈妈把小猫关了一天。

11. S+ 把 +N + 给 +V+ 其他成分（多表示不如意）

○ 1 雨把他的车给弄脏了。

○ 2 他把护照给弄丢了。

（三）高级阶段

12. S+ 把 +N+AV（A= 动词前的修饰语）

○ 1 他把垃圾乱扔。

○ 2 别把东西乱放。

13. S+ 把 +N+V

○ 1 他希望董事会把这个会议取消。

○ 2 我认为应该把这个案件撤销。

14. S+ 把 +N+V+ 着

○ 1 由于害怕，她把家里的灯开着。

○ 2 由于恐惧，他把眼睛闭着。

15. S+ 把 +N+ 一 V

○ 1 他把钥匙往桌上一扔就进卧室了。

○ 2 他把头一抬正好撞到了车门。（徐德芳 2012）

（二）理论与实践相结合

对于很多一线教师而言，非常看重“把”字句的理论教学，特别是句式的构造、组成、语序，等等，而且他们会花费大量时间关注汉语语法学界的最新发展动态，尤其是对外汉语语法的研究成果，我们不应该满足于研究成果的学习，而是适时、有效地将其应用于课堂教学的过程中。

目前，大部分教材对“把”字句的介绍过于简单，只是笼统地介绍“把”字句的语法规则，而对语义、语用条件则普遍重视不够。郝茵（2007）认为对外汉语教师还应该加强“把”字句在教学中的实践与研究，敢于打破现有教材对“把”字句的传统教学模式，大胆地将更符合教学规律的研究成果应用于教学实践。并提出一个观点，“对外汉语教师在不增加学生记忆负担的情况下，力争做到语法、语义、语用的有机结合。”这样做的目的就是让学生不仅理解“把”字句，还要会使用“把”字句。在对外汉语教学中，不要过于注重语法规则的讲解，而要善于点拨，这对一个汉语教师来说，要求不是低了，而是高了。

陆俭明（2005）指出：“这不仅要求汉语老师要善于发现并抓住学生在学习汉语过程中出现的带普遍性的语法错误，给以改正，而且要求汉语老师要善于分析学生出现某种语法错误的原因，要善于确定解决学生某个语法错误的突破口，要善于针对学生中出现的某种语法错误，运用已有的研究成果来做出明确而又通俗的说明。”要能做到这一点，不仅要求汉语教师要有比较扎实的汉语语法基础知识，而且要求汉语教师自己要具有研究、分析汉语语法的能力。

在具体进行“把”字句教学时，教师应结合教学实际，有针对性地帮助和引导学生做一些相关的练习，以加深印象，减少偏误。卢福波（2002）认为：“精讲多练，讲练结合是对外汉语语法教学性质和体系的最直观、最实际的检验。”精讲是指提纲挈领地讲，讲那些对学生最实惠、最有用的东西；多练是指从不同侧面、不同角度、不同层次通过练习掌握和巩固所学的知识，以达到会用的目的。这样，经过多方面的强化和反复练习，学生就会很快地了解“把”字句的语法特点，并有意识地将母语和目的语规则相区别。郝茵（2007）提到，教师在教授语法规则时应将“把”字句放在相关语境中，引导他们运用所学规则生成正确的句子，不能只注意结构而忽视语义和语用规则，或只注重“把”字句与“被”字句、一般主谓句的互换，相反，如我们在教学中经常让学生将“把”字句和“主—动—宾”句互换，或是“把”字句与“被”字句的互换，这样往往使学生忽略了这几种句子所表达的语法意义和语用规则的差异。

许春瑶（2013）提出“把”字句教学可以尝试设置口头语境。如：

a. 窗外的光线太亮了，看不清 PPT 上的字，你会怎么做？（把窗帘拉上）

b. 你想看的那本书离你太远了，你够不着，你会跟旁边的同学说什么？（请你把书递给我）

c. 开学老师要检查作业，你得怎么做？（把假期作业写完）

d. 老师鼓励学生不能浪费粮食，所以应该怎么做？（把盘子里的食物吃完）

e. 电视机的声音太小了，你会怎么做？（把电视机声音开大一点）（许春瑶 2013：25）

教师通过口头描述出一个情景，构成学生使用把字句的背景语境，以锻炼学生在日常交际中自觉运用把字句的能力。教师应该注意避免对“把”字句句式、使用规则的过分强调，造成学生的随意泛化，一定要在结合语义和语境的基础上加以引导。

（三）抓住学生心理，分类施教

在对外汉语的教学过程中，因学习者国别不同、年龄不同、所学课程不同，在学习过程中的表现也不尽相同：有的在交际与口语中表现活跃，有的上课只顾埋头听讲不愿主动回答问题，有的擅长把所学的知识进行归纳和整理，有的急于把学过的知识运用到实践中去等。这些不同的表现是由学习者认知风格上的差异带来的。

20世纪60年代以来，第二语言习得的研究重心已从教学法转向学习者特征及其在二语习得过程中的作用。近年来，对学习者个体尤其是个体差异的研究受到了越来越多的学者的关注，其中就包括探讨学习者个体认知风格的差异。在语言学习过程中，具有不同认知风格的学习者往往具有不同的兴趣、个性、感情、动机等，这在一定程度上决定了他们对待不同类型学习任务和材料的态度以及在课堂活动中的行为和与教师的关系。由此可见，对学生个体认知风格差异的研究是十分必要的，教师据此可以更好地认识学生的认知特点，同时教师可以针对不同的学习环境，不同的学习任务，因势利导，因材施教，从而提高教学的质量。

李郁（2010）以“冲动型”和“沉思性”学习者为例，详细分析在“把”字句教学中应该如何把握学生心理，进行分类施教，以便达到最佳教学效果。针对冲动型学习者，教师应善加引导，使其充分发挥认知优势，提高语言使用的准确度，具体做法为：一是教师对他们所犯的错误应及时予以纠正；二是鼓励冲动型的学习者大胆发言，并对其发言给予鼓励和引导，借以带动其他学生。对沉思型学习者教师要鼓励其积极、大胆发言，勇于回答问题。教师不要轻易催促或打断他们的发言，对他们勇于发言的表现要多给予鼓励。

由于“把”字句是汉语中一种比较特殊的句式，很多语言中没有这种句型，学习者把握起来较为困难，在初级阶段容易产生畏难情绪。解决畏难情绪的较好办法是抓住学习者的认知风格特点和表现来进行教学。

（四）提升教师教学素养

在教学过程中，教材是中介，学生和教师是教学的主体。教师应该处理好自身与教材、学生之间的关系，发挥自己的引导作用，从而达到更好的教学效果。张雪戈（2012）指出在“把”字句教学中，有的教师过分依赖于教材，完全根据教材中“把”字句的编排顺序和练习内容进行教学导致课堂教学的“以讹传讹”，阻碍了学生的有效学习。例如，教师在“把”字句教学中，最先教给学生一些可用可不用的句式，不能让学生体会出“把”字句的独特语义，减缓了学生的习得速度。有的教师试图突出“把”字句的重要性以激发学生的学习动机，于是反复强调“把”字句的难度，给学生带来的压力超过了激励，使得学生产生过度焦虑，反而击退了学生浓厚的学习兴趣，对“把”字句使用产生排斥。

在对外汉语教学中，有的教师特别强调“把”字句的难度以及重要性，再加上教学方法的不当，如进行“把”字句与其他句型的替换等，使得留学生因担心出错而保守地选择其他句式，导致部分该用“把”字句而不用的回避现象产生。罗青松（1999）指出留学生经常使用的回避策略其实是一种交际对策，是为了避免由于语言水平的不足导致社交、学习上的障碍。但是对外汉语教育者对这种回避策略不能不加以控制，在教学中更应该引导学生不对重、难点进行回避，鼓励学生加强练习，达到提高语言能力的最终目的。有的教师则在课堂中片面地强调“把”字句的使用频率高，并急于向留学生教授“把”字句的语法点，这样的做法一方面使得学生对所学和新学产生混淆；另一方面还造成了“把”字句的泛化产生。

对外汉语教师还应该重视偏误分析。偏误分析的实际意义在于，通过研究成果和系统分析使得教学更具有目的性和针对性，使得教学效果更加有效。而作为外国留学生也只有通过不断的学习和在实际语言环境中的应用，才能不断发现并及时纠正偏误，也使得他们的汉语使用水平得到进一步的提高，从而不断接近语言的标准形式。作为对外汉语教学的教师要特别重视学生在习得“把”字句时所产生的偏误，及时予以分析，预测和解释学生学习上的困难。通过交流、交际，充分调动他们学习的积极性和主动性，让学生乐于说、敢于说，老师在听取学生的交流、交际的过程中，不断发现他们的语言偏误，进而采取及时有效的方法纠正学生的偏误，使得教学更有针对性。

（五）循序渐进教学法

在对外汉语“把”字句教学中，应根据学习者的学习阶段、整体理解水平、国别，遵循学习者对“把”字句的认知规律，按照“把”字句的习得顺序，采取从易到难、由简到繁、循序渐进的方法进行“把”字句教学。“把”字句句式较为复杂，有些句子中会包含多个语法难点，在教授这样的句式时，首先要把句式中简单的语法点解释清楚，然后再对较难的语法点进行讲解，在弄清各种语法难点的基础上，再将其组合到一起综合练习。

对外汉语的教学，应当采取循序渐进的教学方法，根据学生的掌握情况，按照“把”字句习得顺序的原则，遵循从易到难、由简到繁的教学策略。张静（2011）举例说明：对一个句式中含有多种语法项目的“把”字句，在教学过程中，应分离难点，逐一讲解。例如：一个句子是“主语＋把＋宾语＋动词重叠”这种结构，学生应当先掌握“动词重叠”，再讲解这个句式，以免把“动词重叠”的问题带到“把”字句的教学中。

在练习设置上，应该针对不同的学习阶段进行知识点的呈现，而不应“一以贯之”，对不同的要点采用完全相同的题型练习。张雪戈（2012）从初级、中级、高级三个阶段详细阐述如何循序渐进地进行“把”字句教学，值得借鉴。张文举例在汉语学习的初级阶段，课本可以设置熟读和听录音的练习，让学生在感官上对“把”字句熟悉起来。在之后出现“把”字句的课文中，可以摒弃熟读练习，而通过给出“把”字句例句和可供替换的“把”字句中的名词、动词等成分，要求学生进行替换练习。到了中级阶段，随着课文中“把”字句难度的增加，练习的设置也要结合语用的需要。如可以在简单“把”字句中加入否定副词、助动词等充当的状语部分，练习题中还可以列出一些交际场景，学生可以选择主题并进行表演。高级阶段的留学生教材应注重从语用功能的角度为留学生答疑解惑。

在进行具体的句式结构的教学时，教师应遵循“由易到难、由简入繁”的原则来安排知识点的出现顺序。许春瑶（2013）认为教师应该先讲解最基本的句式结构，在学生掌握基本句式后，再深入到加上修饰、限定的形式上，最后再对此句式的否定形式和疑问形式进行针对性练习，使学生达到熟练、举一反三地运用此句式的效果。许文举例为：

基本形式

S+ 把 N+V+ 其他

我把论文写完了。

加入限定的形式

S+ 副词 + 把 N+V+ 其他

我已经把论文写完了。

否定形式

S+ 否定词 + 把 N+V+ 其他

我还没把论文写完。

疑问形式

S+ 把 N+V+ 其他？

你把论文写完了吗？（许春瑶 2013：22）

上述教学思路体现为句式结构由简单到复杂，由一般陈述句深入到否定句、疑问句，呈现递进式教学，符合学生的接受规律。

综上所述，对外汉语教师应该努力学习语言教学和语言习得相关理论，打下坚实的语言本体基础。在此基础上，深入学习相关教学研究成果，将理论与实践相结合。对外汉语教师在汉语教学过程中了解出现的重难点并加以解析，而且要对学生的语言偏误给予更多的关注。只有这样，才能更好地指导教学实践。“把”字句的教学应该是分层次、有计划、螺旋式递进的，而不是盲目地一股儿脑地交给学生，“把”字句式出现的顺序应该按照科学的顺序，不可随意。作为对外汉语教学的教师，在“把”字句的教学中，应该遵循上述原则，应该紧跟有关“把”字句的理论研究的一些前沿，密切关注各项研究成果，并以此作为课堂教学的理论依据，指导并制定行之有效的教学方法。

参考文献

［1］李大忠：《外国人学汉语语法偏误分析》，北京语言大学出版社1996年版。

［2］陆俭明：《汉语教员应有的意识》，《世界汉语教学》2005年第1期。

［3］卢福波：《对外汉语教学语法的体系与方法问题》，《汉语学习》2002年第2期。

［4］徐子亮：《汉语作为外语的学习研究：认知模式与策略》，北京大学出版社2010年版。

［5］齐沪扬：《对外汉语教育学语法》，复旦大学出版社2010年版。

［6］吕叔湘：《现代汉语八百词（增订本）》，商务印书馆2007年版。

［7］刘珣：《对外汉语教学引论》，北京语言大学出版社2000年版。

［8］范晓：《汉语的句子类型》，太原书海出版社1998年版。

［9］王还：《“把”字句和“被”字句》，新知识出版社1957年版。

［10］王力：《中国现代语法》，商务印书馆1985年版。

［11］刘月华：《实用现代汉语语法》，商务印书馆2001年版。

［12］黎锦熙：《黎锦熙语言文字学论著选集》，北京师范大学出版社2002年版。

［13］李勉东：《现代汉语语法研究》，东北师范大学出版社2003年版。

［14］吕叔湘：《汉语语法论文集》，科学出版社1955年版。

［15］胡附、文炼：《现代汉语语法探索》，新知识出版社1956年版。

［16］刘宏帆：《“把”字句的习得研究及其教学——基于中介语语料库的研究》，《第四届全国语言文字应用学术研讨会论文集》2005年。

［17］刘培玉：《“把”字句研究评述》，《河南师范大学学报》2001年第4期。

［18］王还：《“把”字句中“把”的宾语》，中国语文1985年第1期。

［19］张济卿：《有关“把”字句的若干验证与探索》，《语文研究》2000年

第 1 期。

[20] 薛凤生:《试论“把”字句的语义特性》,《语言教学与研究》1987 年第 1 期。

[21] 金立鑫:《“把”字句的句法、语义、语境特征》,《中国语文》1997 年第 6 期。

[22] 宋玉柱:《“处置”新解——略谈“把”字句的语法作用》,《天津师范大学学报》1979 年第 3 期。

[23] 宋玉柱:《现代汉语特殊句式》,山西教育出版社 1991 年版。

[24] 叶向阳:《“把”字句的致使性解释》,《世界汉语教学》2004 年第 2 期。

[25] 郭锐:《“把”字句的语义构造和论元结构》,《语言学论丛》2003 年第 28 辑。

[26] 范晓:《动词的配价与汉语的把字句》,《中国语文》2001 年第 4 期。

[27] 袁莉容:《说不尽的“把“字句研究综述》,《内蒙古师范大学学报》2003 年第 6 期。

[28] 熊文新:《留学生“把”字结构的表现分析》,《世界汉语教学》1996 年第 1 期。

[29] 余文青:《留学生使用“把”字句的调查报告》,《汉语学习》2000 年第 5 期。

[30] 崔希亮:《“把”字句的若干句法语义问题》,《世界汉语教学》1995 年第 3 期。

[31] 施家炜:《外国留学生 22 类现代汉语句式的习得顺序研究》,《世界汉语教学》1998 年第 4 期。

[32] 吕文华:《对外汉语教材语法项目排序的原则及策略》,《世界汉语教学》2002 年第 4 期。

[33] 刘颂浩:《论“把”字句运用中的回避现象及“把”字句的难点》,《语言教学与研究》2003 年第 2 期。

[34] 张伯江:《论“把”字句的句式语义》,《语言研究》2000 年第 1 期。

[35] 丁崇明:《20 世纪 80 年代以来对外汉语教学语法研究综述》,《北京

师范大学学报（社会科学版）》2006年第3期。

［36］晁代金:《近年来对外汉语教学领域“把”字句研究述评》,《河西学院学报》2009年第6期。。

［37］肖祥忠:《对外汉语教学中“把”字句构成要素语义分析》,《佳木斯大学学报》2008年第2期。

［38］张静:《外国留学生“把”字句偏误分析研究》,《华中师范大学硕士论文》2011年。

［39］李鹏兴:《“把”字句及其对外汉语教学》,《安徽文学（下半月）》2011年第2期。

［40］曹利娟:《对外汉语教学之“把”字句偏误分析》,《语文学刊》2011年第7期。

［41］张宝林:《回避与泛化——基于“HSK动态作文语料库”的“把”字句习得考察》,《世界汉语教学》2010年第2期。

［42］刘颂浩、汪燕:《“把”字句练习设计中的语境问题》,《汉语学习》2003年第4期。

［43］韩蓉:《认知功能教学法与对外汉语“把”字句教学》,《沈阳师范大学学报（社会科学版）》2011年第1期。

［44］吕桂云:《中高级阶段越南学生17类“把”字句的习得顺序考察》,《语文学刊》2008年第14期。

［45］李子云:《现代汉语“把”字句语义分析》,《安徽教育学院学报（哲学社会科学版）》1994年第4期。

［46］张丹:《现代汉语述结式“把”字句的配价研究》,《四川师范大学硕士论文》2006年。

［47］解晓宁:《留学生看图写话中典型“把”字句表现分析及其对教材编写的启示》,《北京语言文化大学硕士论文》2003年。

［48］伏双全:《“把”字句及其对外汉语教学》,《福建师范大学硕士论文》2008年。

［49］徐德芳:《对外汉语教学中“把”字句偏误分析与对策》,《辽宁师范

大学硕士论文》2012 年。

[50] 涂淑琴:《初级阶段汉语学习者“把”字句习得偏误分析及教学建议》,《云南大学硕士论文》2013 年。

[51] 郝茵:《对外汉语教学中的“把”字句研究》,《天津师范大学硕士论文》2007 年。

[52] 李郁:《认知风格差异对语言学习策略的影响》,《经济研究导刊》2010 年。

[53] 张雪戈:《留学生“把”字句偏误研究及教学策略探析》,《四川师范大学硕士论文》2012 年。

[54] 贺晓玲:《两种表致使义句式的异同考察——“使”字句和“把”字句》,《暨南大学硕士论文》2001 年。

[55] 许春瑶:《对外汉语教学中“把”字句的偏误分析及教学建议》,《陕西师范大学硕士论文》2013 年。

第二讲

“被”字句

“被”字句是被动句的典型类型。被动句是汉语特殊句式之一，同时也是对外汉语教学中的重点和难点。被动句的研究历来为语言学家所重视。目前学者对于被动句的界定角度不一，被动句的范围到底有多大也有争议，由于汉语缺乏形态标志，所以现代汉语里该用什么样的可操作的形式标准来确定现代汉语里的被动句，这还是一个有待进一步深究的问题。研究者们通常是从语义角度、句法角度，以及句法、语义相结合的角度来界定被动句。而对于被动句的分类标准也不相同，本讲着重研究的是外国学习者“被”字句的使用情况以及偏误的类型，重在对偏误进行纠误，并提出相应的教学策略和建议。

“被”字句是现代汉语表示被动语态的主要形式。“被”字句在《现代汉语》（黄廖本）中的解释是：“主语是受事，而‘被’字引进施事，或将‘被’字直接附于动词前以表示被动的句子。”即“被”字句是从句子中的显性标记出发，指句子中含有“被”字的被动句子。从语法上看，“被”字句的句型是以状中结构（状语［被＋宾语］＋中心语［动词性词语］）作谓语的主谓句。掌握了“被”字句，对掌握与之相关的句式，如“把”字句、主动宾句等是有帮助的。但是这些也成了汉语习得者学习、运用的难点，可以说“被”字句有多少结构成分，汉语习得者在运用中就有多少种偏误发生，因为这是汉语习得者在汉语学习、运用中需要跨过去的一道坎儿，切实掌握“被”字句是听、说、读、写的一个重要环节；我们把“被”字句中出现的各种偏误尽量多地展示出来，并加以探讨，有助于我们从反面的教材中吸取正面的认识。同时把“被”字句出现的各种偏误基本面貌作穷尽性描写，力求为汉语习得者提供学习的参考。

“被”字句是和“把”字句很像的一种句式。如可以说“我把作业写完了”，还可以说“作业被我写完了”，两个句子的基本表义相近。“把”字句是主动句，主语为施事，宾语为受事；将“受事宾语”提到主语前，即变成了“被”字句，“被”字句是典型的被动句。基本结构为：受事＋被＋施事＋动词＋其他。

一、“被”字句的语法特征

一般认为，关于“被”字句的研究最早始于黎锦熙 1924 年的白话文语法著作《新著国语文法》。他提出的“两分说”开创了“被”字句研究的先河。之后的 90 年里，学界对“被”字句的句法、语义、语用乃至“被”字教学都做了比较全面而深入的研究，且成果颇丰。

李临定（1980）对“被”字句下位句型详细分为 32 类，刘月华（2001）分为四类：一是介词“被”后有宾语；二是“被”字后无宾语；三是“被……所……”式；四是“被……给”式。周文华、肖奚强（2009）对这种分类方式提出了自己的观点，他们通过对汉语母语者语料库和中介语语料库的考察，发现句型三和句型四在中介语语料中并没有出现，因此得出结论：应结合外国留学生对“被”字句的实际使用情况，按“被”后宾语和动词后所带成分两部分，对其进行再分类。当然，对于“被”字句在二语教学中最好的分类方式，日前学术界还没有给出一个准确的定论，有待广大一线教师在具体的教学实践中不断总结和论证。

“被”字句是由介词“被”构成的介词短语（简称为“被”字短语）在句子谓语中心语前充当状语或单用“被”的句子，例如：“他被老师批评了一顿。”和确定“把”字句一样，如果“被”字短语充当的不是句子谓语中心语前的状语，则不属于“被”字句。例如：“我知道他被老师批评了。”其中“被”字短语是充当宾语的主谓短语中的状语，这个句子便不是“被”字句。“被”字句与“把”字句联系极其密切，二者在许多方面是相同或相通的。

（一）“被”字句的结构特点

1.“被”字句有两种基本格式，一种是“被”字短语放在谓语动词前面，充当句子状语。例如：

（1）我被他打伤了。（“被”字短语作状语）

（2）铅笔被弟弟弄折了。（“被”字短语作状语）

另一种情况：“被”后面的宾语可以省略，单用一个“被”字。

（1）我被打伤了。

（2）钱包被偷了。

例中的“被”后隐含有动作的施事，但有时不必或不能说出来，通常看作“被”字宾语的省略。

此外，“被”可以和“所”呼应，构成“被……所……”的格式，多用于书面语。

（1）共产党人不能被酷刑所吓倒。

（2）人不能被蝇头小利所利用。

口语中“被”出现的频率比较少，而常用“叫、让、给”。

（1）那些邮票叫他给卖了。

（2）儿子又让他爸给打了。

（3）门店让人给砸了。

2.“被”字句的谓语中心语通常是动词性短语。例如：

（1）货品被海关拿走了。

（2）包裹被妈妈寄回老家了。

“被”字句谓语动词后可加“着、了、过”。例如：

（1）好吃的菜都被弟弟吃了。

（2）被他这么一直盯着。

（3）我记得小时候被爸爸打过。

“被”字句也可以出现双音节的“光杆动词”和形容词性词语。

（1）每个人都会被排挤。

（2）老人都被孩子们给累坏了。

注意1：能进入“被”字句的动词主要是动作性较强的及物动词，而判断动词、能愿动词、不及物动词、趋向动词、心理动词等不能单独进入“被”字句。

（1）* 我被大风感冒了。

（2）* 妈妈被孩子生气了。

（3）* 信被回来了。

（4）* 我被病倒了。

（5）* 她被那个男孩喜欢了。

注意 2："被"字句中的出现时间、否定、能愿状语，通常在"被"字前，而不在"被"字短语之后谓语动词之前。

（1）作业已经被弟弟写完了。

 * 作业被弟弟已经写完了。

（2）这件事没被老师告诉我父母。

 * 这件事被老师没告诉我父母。

（3）他以前被人认错过。

 * 他被人以前认错过。

（4）自行车能被爸爸修好。

 * 自行车被爸爸能修好。

（二）"被"字句与其他句式的转换关系

李勉东（2003）"被"字句也与其他一些句式存在一定的转换关系，比较常见的有以下几种情况：

1."被"字句—"把"字句

"被"字句的主语和"被"的宾语换位，施受位置改变，可变换成"把"字句。例如：

（1）这件事被小王告诉了厂长。

变换为： 小王把这件事告诉了厂长。

（2）信被邮局退回来了。

变换为： 邮局把信退回来了。

2."被"字句—"主—动—宾"句

"被"的宾语挪至句首作句子的主语，"被"字句变换为一般的"主—动—宾"句。例如：

（1）视线被强光挡住了。

变换为： 强光挡住了视线。

（2）太阳被乌云遮住了。

变换为： 乌云遮住了太阳。

3.“被”字句句子的主语挪后作远宾语，变为双宾语句。

（1）这件事被小王告诉了厂长。

变换为： 小王告诉了厂长这件事。

（2）钱被我还给邻居了。

变换为： 我还给邻居钱了。

4.“被”字句—兼语谓语句

“被”字句句子的主语充当兼语，变为兼语谓语句。

（1）山本被大家选为班长。

变换为： 大家选山本为班长。

（2）老李被公司派到北京出差了。

变换为： 公司派老李到北京出差了。

5.“被”字句—述补谓语句

“被”字句句子的主语移后，充当补语的主语，变为述补谓语句。

（1）我被这个电影感动得都哭了。

变换为： 这个电影感动得我都哭了。

（2）小孩儿被狗吓得直哭。

变换为： 狗吓得小孩儿直哭。

（三）“被”字句成分之间的语义关系

我们从以下三方面来观察“被”字句内部成分间的语义关系。

1.“被”的宾语和谓语动词。

二者之间以施事与动作的关系为最多见，也有其他的关系。

（1）老人被车子撞倒了。（施事—动作）

（2）衣服上的脏东西被妈妈洗干净了。（施事—动作）

2. 句子的主语和动词。

“被”字句的主语，通常以动作的受事为多见。

（1）足球被小明借走了。（受事）

（2）米饭被姐姐做煳了。（受事）

（3）钱包被小偷偷走了。（受事）

（4）信被邮局退回来了。（受事）

3. 句子的主语的动词后的宾语。

有些“被”字句，动词还有宾语，二者之间，有的也有一定的语义联系。

（1）小李被打断了腿。（小李的腿）

（2）她被揪着头发，按着脖子。（她的头发、她的脖子）（吴友纯 2006：115）

吴友纯（2006）认为“被”字宾语是动作的发出者，句子宾语是动作的直接承受对象，而主语一般是某种遭遇的承担者，主语和句子宾语之间往往具有领属关系。变换句式，主语和句子宾语可以自然合并成一个名词组，“的”的加入在形式上确定了两者的领属关系。

（1）屋里的人被他叫出去三个。（整体—部分）

（2）箱子已经被垫上了砖头。（受事—工具）

（3）桌子上被服务员铺上塑料布了。（处所—工具）（李勉东：2003）

李勉东（2003）通过以上三个例子进行说明。

（四）“被”字句的句法格式

Ⅰ“被”字句和补语连用

基本格式1：	宾语 +	被 +	主语 +	动词 +	结果补语 +	了
	作业	被	杰克	写	完	了
	事情	被	他	弄	明白	了
基本格式2：	宾语 +	被 +	主语 +	动词 +	趋向补语 +	了
	钱	被	我	取	回来	了
	书	被	玛丽	拿	走	了

基本格式 3：宾语 + 被 + 主语 + 动词 + 得 + 状态补语
孩子 被 父亲 打 得 哇哇哭
房间 被 妈妈 布置 得 很漂亮

基本格式 4：宾语 + 被 + 主语 + 形容词、心理动词 + 程度补语
妈妈 被 小明 气 死了
我 被 这个电影 吓 得要命

基本格式 5：宾语 + 被 + 主语 + 动词 + 了 + 时量补语
他 被 老师 批评 了 半天
她 被 雨 淋 了 一个小时

基本格式 6：宾语 + 被 + 主语 + 动词 + 了、过 + 动量补语
他的钱包 被 丢 过 三次
他的手 被 门 夹 了 一下

Ⅱ “被”字句和介宾短语

基本格式 1：宾语 + 被 + 主语 + 动词 + 在 + 处所
衣服 被 杰克 扔 在 洗衣机里
书 被 玛丽 放 在 桌子上

基本格式 2：宾语 + 被 + 主语 + 动词 + 到 + 处所
车 被 他 开 到 门口
孩子 被 我们 送 到 医院

基本格式 3：宾语 + 被 + 主语 + 动词 + 给 + 人 + 了
礼物 被 我 送 给 朋友 了
书 被 我 还 给 玛丽 了

基本格式 4：宾语 + 被 + 主语 + 动词 + 成、作 + 事物 + 了
汉语 被 老师 翻译 成 英语 了
他 被 大家 看 作 坏人

Ⅲ “被”字句动词的其他附加形式

基本格式 1：宾语 + 被 + 主语 + 动词 + 了
衣服 被 妈妈 洗 了

钱　　被我　丢　　了

基本格式 2：宾语 + 被 + 主语 + 动词 + 宾语 + 了

这件事被　他　　告诉　别人　了

小狗　被　玛丽　送　　人　　了

基本格式 3：宾语 + 被 + 主语 + 状语 + 动词

地板　被　孩子　乱　　画

衣服　被　妈妈　整齐地　放着

基本格式 4：宾语 + 被 + 主语 + 一 + 动词

电视　被　他　　一　　修（就好了）

他　　被　老师　一　　说（就同意了）

基本格式 5：看 + 宾语 + 被 + 形容词、心理动词 + 得

看　妈妈　被　急　　　　　　　　得

看　孩子　被　吓　　　　　　　　得

否定格式：宾语 + 没 + 被 + 主语 + 动词 + 其他

钱　　没被　　他　　花　　完

小偷　没被　　警察　抓　　住

句法特征小结：

1．“被”字句中谓语动词不能是光杆动词。但动结式动词可以单独使用，如“被打倒”“被推翻”等。

2．“被”字句中句首受事宾语是确指的，不能是说话双方不知道的。

3．受事（动作接受者）放在“被”前，施事（动作发出者）放在“被”后。

4．“被”字句谓语动词一般是表示动作的及物动词。

5．“被”字句多表示对受事不太好的处置。

6．否定副词、其他副词、能愿动词一般要放在“被”的前面，而不是谓语动词前。

7．描写性状语一般要放在谓语动词的前面，而不是“被”的前面。

8．与“把”字句相比，部分使用格式受到限制。如动词重叠：

事情谈一谈 * 事情被谈一谈

把衣服洗洗 ＊衣服被洗洗

如果想这样说一般需要后续句，如“衣服被洗洗就干净了”。

9. “给”只用于口语。有两个句法位置：

钱包给小偷偷走了。钱包被小偷给偷走了。

（五）“被”字句和被动句

很多留学生把“被”字句等同于英语的被动句。所以只要是英语中用被动表达的句子他们都会用“被”字句表达。

This letter was written by my friend.

＊这封信是被我的朋友写的。

The watch was bought to me by my father.

＊这块手表是被爸爸买给我的。

学生会产生疑问，为什么汉语的表达是不对的。施受关系没有问题，动词形式没有问题，那么为什么不可以呢？我们先改为正确的句子。

这封信是我的朋友写的。

这块手表是爸爸买给我的。

我们发现，如果把“被”去掉，这个句子就是对的，那也就是说上面的句子虽然表示被动意义，但不是所有的表示被动意义的句子都要用“被”字句表示。有些是不必要的也是不合乎语言规则的。语法学界将这种没有“被（叫、让、给）”而在意念上表示被动的句子称为“意念被动句”“受事主语句”或无标记被动句，而将有“被（叫、让、给）”的被动句称为“被字句”或有标记的被动句，它们统称为“被动句”。

那么，如何来判断什么情况下该用“被”字句，什么情况下不加“被”呢？李大忠（1996）总结出四点：

1. 是否有不如意的色彩；

2. 动词是否具有处置义；

3. 是否具有处置的结果；

4. 是否强调动作行为的影响；

如果同时满足上述四点，那么一般要用“被”字句。否则使用受事主语句。上述例子都不表示不如意的色彩，动词“买”和“写”不具有处置义，更谈不上处置的结果，表达的重点不是动作的影响，而是对情况的说明。所以不用“被”字句。

作业写完了　作业被写完了　作业终于被写完了

那张照片我寄给你了　*那张照片被我寄给你了　那张照片被我寄错了

在对外汉语教学中，我们在“被”字句教学过程中，还应考虑语义语用方面的问题。“被”字句在语义上多表示不如意或不希望发生的事。即王还（1984）所说的“所谓不愉快、不如意指的是后面的动词是表示绝对的不愉快，但在某种情况下是某人所不希望发生的，或由这种动作产生了不偷快的效果。”这话主要是说有一些动词它本身意义就是“表示绝对的不愉快”，所谓语义，具体地说是指“谓语动词具有‘损害’的语义特征。虽然主要动词没有‘损害’的语义特征，但整个谓语对受事主语来说，有不好的影响，或是受事主语所不情愿、不企望的。”这种动词往往会成为“被”字句的构成的关键因素。此外，“被”字句的语用环境也是非常重要的。语用上指的是在哪种情况下必须或倾向于选择受事作主语的“被”字句。一个是表达不如意或不希望的事。二是在结构上一定要强调“被”字引出施事者。三是在语法上要牢牢掌握“被”字句的各式语法结构形式。传统的看法是“被”字句主要用于消极语用环境，之后学者们将研究视角从单句层面扩展到了语篇层面。莫红霞（2004）认为“被”字句的语义重点主要是表结果义，它在篇章中的选用通常与话题的接应或转换有关。潘文（2006）从语体的角度，对“被”字句在文艺语体、事务语体、科技语体和政论语体中的使用分布、结构形式和语义特征上的差异分别进行了考察。

二、“被”字句的偏误分析

“被”字句由于其本身使用的复杂性，是对外汉语教学中的一个重点，更是难点。随着对外汉语教学的发展，人们不仅关注“被”字句的本体研究，更注重总结“被”字句教学过程中的规律，因此需要我们对外国学生在使用“被”字句时产生的偏误进行分析。李大忠先生的《外国人学汉语语法偏误分析》一书中设专节讨论被动句使用的偏误，该节中将被动句的偏误分析分为意念被动句的偏误和“被”字句的偏误，其中将“被”字句的偏误情况分为8类并对偏误原因进行了详细论述。彭淑莉的《留学生习得汉语“被”字句的偏误类型分布考察——基于看图写话的调查研究》一文中，非常详细地列出了偏误类型，分析了偏误原因，且有针对性地列出了偏误类型在各学习阶段的分布频次及比例，并对这些偏误及偏误分布做了总结。该文的论述非常详尽和有针对性，对“被”字句的对外汉语教学的发展有很大的促进作用。

关于“被”字句的偏误分析，刘传清、魏清倩两位学者在《汉语作为第二语言教学的“被”字句研究综述》（2014）作出非常全面的总结。黄月圆、杨素英（2007）、王振来（2004）等考察了母语为英语的留学生习得汉语“被”字句的情况。柳英绿（2000）、崔美英（2012）等对比了汉语和韩语的被动句，针对韩国学生出现的“被”字句偏误进行了多角度的分析，并有针对性地提出了关于“被”字句的教学对策。彭淑莉（2009、2010）就留学生输出“被”字句的“被……给……；被……所……；被……把……”三种固定格式时所产生的典型偏误类型和原因分别进行了分析和探讨。同时，针对留学生习得“被”字句过程中最突出的缺失类偏误产生的原因进行了多方面的分析，并有针对性地提出了相应的教学建议。李婕、陈晨（2012）结合北京语言大学HSK（中国汉语水平考试）动态作文语料库，对不同汉语水平的留学生“被”字句习得情况进行了调查，认为汉语水平和偏误率的高低成反比，在“被”字句的教学上应采用分阶段教学的原则。

（一）谓语动词不能是光杆动词

（1）我的帽子被大风刮了。

改正：我的帽子被大风刮跑了。

（2）玛丽的护照总被她丢。

改正：玛丽的护照总被她弄丢。

解析：在汉语里，“被”字句和“把”字句一样，谓语动词不能是光杆动词，也就是说不能只有一个动词而没有其他任何附加成分。因为“被”字句也是强调动作处置的结果或影响，所以一般有一些说明成分。例（1）“刮”只表示动作，没有结果，所以补出一个结果补语“跑”就可以了。例（2）“丢”是单个动词，学生以为可以说“玛丽的护照被丢了”，所以觉得“丢”可以单说，其实不是单说，而是有“了”，“了”本身就表示完成和变化，所以这里应该加上别的词，改成“弄丢”就可以了。

（二）谓语动词要带有处置性和影响性

1.*心理动词不可以

（1）麦当劳被小朋友们很喜欢。

改正：麦当劳小朋友们很喜欢。

或：小朋友们很喜欢麦当劳。

或：麦当劳被小朋友们喜欢得不得了。

（2）这个人被大家讨厌。

改正：这个人被大家讨厌死了。

或：大家讨厌这个人。

解析：“被”字句中要求谓语表示一种结果或影响，而“心理动词”是表示心理感受的，不能对宾语产生什么影响。所以不能用在“被”字句中。如果要使用的话，可以补出程度补语，程度补语本身也是表示结果的。这和“把”字句是一样的。

2.*趋向动词不可以

（1）故宫被我去过好多次了。

改正：我去过故宫好多次了。

或：故宫我去过好多次了。

（2）这道题的答案还没被出来。

改正：这道题的答案还没出来。

或：这道题的答案还没被算出来。

解析：“趋向动词”虽然是动作动词，但对宾语不产生什么影响，“去”只是说动作，但对宾语“故宫”没有产生任何影响。“好多次”只表示“去”的次数，不对“故宫”产生影响。例（2）是学生对复合趋向动词的过度泛化。复合趋向动词单独不能用在“被”字句中，如果要用的话，要在其前补出动词，让趋向动词做趋向补语。“* 那幅画被上去了”“那幅画被贴上去了”。

3.* 不及物动词不可以

（1）昨天晚上的风太大了，很多大树被风倒了。

改正：昨天晚上的风太大了，很多大树被风刮倒了。

或：昨天晚上的风太大了，很多大树倒了。

（2）他身体太弱，常常被感冒。

改正：他身体太弱，常常感冒。

解析：这是学生对“被”字句谓语动词的过度泛化造成的。例（1）中在学生看来，“倒”是表示结果的动词，可以说“房子倒了”“人倒了”，所以当然可以用在被字句中，但是他们忽略了一点，“被”字句中“被”前面的宾语是表示受事的，也就是说后面的动词与该宾语是“动作—受事”的关系。该动词一定是及物动词。而“倒”显然是不及物动词，不能说“* 风倒树”。所以不能用在“被”字句中。如果想用在“被”字句中，一定把真正的动作动词补出来，可以说“风刮倒树”，所以可以说“树被风刮倒了”。例（2）中，“感冒”是典型的不及物动词，不能说“* 感冒他”，所以当然不能说“他被感冒”。还有“* 他被病”“* 他被晕倒”等。

4.* 判断存现动词不可以

（1）啤酒被他们没了。

改正：啤酒被他们喝没了。

（2）奥运门票被好多人有。

改正：好多人有奥运门票。

解析：“没”和“有”是表示存现的动词，都不表示具体的动作，与“啤酒”和“奥运门票”不构成“动作—受事”的语义关系，所以都不能用在“被”字句中。

5.*感知动词不可以

（1）这个意见被大家反对了。

改正：大家反对这个意见。

或：这个意见被大家推翻了。

（2）这个女孩终于被我认识了。

改正：这个女孩我终于认识了。

或：我终于认识这个女孩了。

解析：和“把”字句一样，大部分表示心理的感受和认知的动词不能用在“被”字句中，但与“把”字句不同的是，“被”字句的限制范围要比“把”字句小一些，有的感知动词不可以用在“把”字句中，但可以用在“被”字句中。

*我把这件事知道了。　　这件事被我知道了。

*我把那个小偷看见了。　那个小偷被我看见了。

*我把他们的谈话听见了。他们的谈话被我听见了。

6. *离合动词不可以

（1）妈妈被我伤心了。

改正：妈妈为我伤心了。

或：我伤了妈妈的心。

（2）我被那个骗子上当了。

改正：我被那个骗子骗了。

或：我上了那个骗子的当。

解析：这是由于学生对离合动词的偏误而产生的。在学生看来，他们以为“我伤心妈妈”“那个骗子上当我”是对的，所以可以说“妈妈被我伤心了”“我被那个骗子上当了”。因为在英语里，伤心被翻译成“be hurted”，“上当”被翻译成“be cheated”，所以他们就造出了上述的句子。事实上，“伤心”“上当”都是离合词，离合词是特殊的“动宾格”，由于已经有了宾语，本身不可以再接宾语，如果想引出关联的对象，则可以用该结构：动词 + 关联对象 + 的 + 名词。如“生他的气”“请他的客”。

（三）谓语不能是形容词

（1）房间被孩子脏了。

改正：房间被孩子弄脏了。

（2）杰克的手机被安东坏了。

改正：杰克的手机被安东弄坏了。

解析：“被”字句中谓语不能是形容词，如果要用“被”字句，可以补出动词，形容词作结果补语。

（四）“被”字句不能和可能补语连用

（1）这些生词恐怕被我背不完。

改正：这些生词恐怕不能被我背完。

或：我恐怕背不完这些生词。

或：这些生词我恐怕背不完。

（2）这本书肯定被我找得着。

改正：这本书肯定能被我找着。

或：我肯定找得着这本书。

或：这本书我肯定找得着。

解析：和“把”字句一样，“被”字句也不能使用可能补语。参看李大忠（1996）我们作出如下解释：因为“被”字句是表示动作发生后，对受事宾语产生什么样的影响，预设是该动作已经发生。而可能补语是表示可能性的，既然是可能性，动作自然还没有发生。所以二者语义上是矛盾的。

（五）宾语要是确指的

（1）一件事被杰克忘得一干二净。

改正：这件事被杰克忘得一干二净。

（2）两个小偷被警察抓住了。

改正：这两个小偷被警察抓住了。

解析：由于“被”字句和“把”字句存在转换关系，“被”字句和“把”字句一样，要求受事是有定的。因为“被”字句是强调受事遭受了怎样的处置，因此说话者自然知道被处置的对象，所以在意念上要求“被”字句中“被”前面的受事宾语是确知的。所以不能是不定数量短语，而应是定指短语或单个名词。

（六）状语的位置

1.“没”和其他副词的位置

（1）他的病被医生还没查出来。

改正：他的病还没被医生查出来。

（2）他被公司又派到美国了。

改正：他又被公司派到美国了。

解析：和“把”字句一样，“被”字句中否定副词或其他副词一般要放在“被”的前面而不是谓语动词前。

2. 能愿动词的位置

（1）这些美元被能换成人民币。

改正：这些美元能被换成人民币。

（2）这些破房子早被该拆掉了。

改正：这些破房子早该被拆掉了。

解析：和“把”字句一样，能愿动词要放在“被”的前面。这个偏误是由留学生对能愿动词的过度泛化造成的。

3. 描写性状语的位置

（1）这个故事有声有色地被他又讲了一遍。

改正：这个故事被他有声有色地又讲了一遍。

（2）他被爸爸低着头批评了一顿。

改正：他低着头被爸爸批评了一顿。

解析：当“被”字句中有描写性状语时，要分析这个状语是描写谁的，如果指向动词，则状语放在谓语动词前面。如果指向受事，则放在受事宾语后，

“被”字前。如例（1）中“有声有色地”指向谓语“讲”的，所以要放在动词前；例（2）中“低着头”指向受事宾语“他”，所以要放在受事宾语后，“被”字前。由于“把”字句和“被”字句存在转换关系，前面我们说过“把”字句是主动句，描写性状语大部分是修饰主语施事的，所以一般放在主语后，“把”的前面。对于“被”字句来说，也是一样的。由于是被动句，所以描写性状语要后移到“被”后的施事宾语，动词前。如“他被老师严厉地批评了一顿”“这本书被大卫狠狠地扔掉地上”。

（七）动词遗漏

（1）我的钱被光了。

改正：我的钱被花光了。

解析：例（1）中学生过分强调动作的结果，过分夸大了“光”的句法功能，以为“光”是动词，而且表示结果，所以在“被”字句里可以直接这样说。但我们发现，“光”不是及物动词，因为不能说“光了钱”，而只能说“钱光了”，所以不能用在“被”字句中。如果要使用，应该补出动词。如“花光”“用光”，因为可以说“花光了钱”“用光了钱”。

（2）那个小偷被警察到公安局了。

改正：那个小偷被警察抓到公安局了。

解析：例（2）中学生误将“到”当作动词，以为可以说“到学校去”，所以用在“被”字句。也是过分强调结果（处所）。即使“到”是动词，也不能用在“被”字句，因为“到”与“那个小偷”是“动作—施事”关系，而不是“动—受事”关系，而“被”字句中动词与句首成分是“动作—受事”关系，所以不可以。实际上，“到”在这里被看作介词，“到公安局”是介宾短语，前面应该补出动词，介宾短语作处所补语。如“车被开到学校里”“妈妈被送到医院”。

（八）多余使用“被”字句

（1）这首歌被安东练了三个星期。

改正：这首歌安东练了三个星期。

（2）这个小熊是被朋友送给我的。

改正：这个小熊是朋友送给我的。

（3）《红楼梦》是被曹雪芹写的。

改正：《红楼梦》是曹雪芹写的。

解析：这三个句子从句法层面上看都没有问题，符合“被”字句的句法规则，但是我们听起来还是有点别扭。主要原因是语用上的问题。“被”字句其实是一种强调句，强调受事受到了怎样的影响，有怎样的结果，这三个句子不强调结果，而只是对情况的说明，所以没有必要使用“被”字句。在汉语里，大多数情况下，“当没有必要强调被动意义的时候，只要不发生误解，一般多用受事主语句”。（李大忠 1996）

（九）不能用在祈使句

（1）座位请被你们换一下。

改正：请你们换一下座位。或请你们把座位换一下。

（2）课文请被你读一遍。

改正：请你读一遍课文。或请你把课文读一遍。

解析：“被”字句是强调动作发生后受事受到了什么样的影响，一般都是表示已经发生的动作，而上述两个句子是祈使句，动作还没有发生，自然不能用在“被”字句中。这个偏误可能是学生对“把”字句和“被”字句的转换过度泛化造成的。因为“把”字句可以说：

请你们把座位换一下。请你把课文读一遍。

所以学生很自然地转换成“被”字句。偏误是这样产生的。

（3）电视被你修一修。

改正：你把电视修一修。

或：你修一修电视。

（4）房间被你打扫打扫。

改正：你把房间打扫打扫。

或：你打扫打扫房间。

解析：“动词重叠”表示动作的尝试态，所以还没有发生，也不可以用在“被”字句中。因为学生学过“把”字句，知道“把”字句有一种基本结构式：把＋宾语＋动词＋动词。所以很自然地套用到“被”字句。“把”字句是强调处置，这种处置可以发生了也可以没有发生。而“被”字句一般是已经知道了结果，是强调受事遭受到了如何的处置。除非句子在特定语境下，强调即将出现的结果：

明天他就会被学校开除。 事情一定会被解决。

（十）“把”“被”混淆

（1）他把那辆车撞倒了，路人把他送到了医院。

改正：他被那辆车撞倒了，路人把他送到了医院。

（2）雨被他淋了。

改正：他被雨淋了。

解析：例（1）的偏误是学生对受事成分的过度泛化造成的。因为学生知道“把”字句中句首主语大都是“人”，所以只要看到“人”作主语，往往习惯用“把”。而忽略了语义关系。这里“他”是受事，“那辆车”是“施事”，“那辆车撞倒他”，所以应该是被动句。例（2）句首是事物“雨”，所以学生习惯性地用“被”，而实际上，他们把“把字句”看作了“被字句”，“施事”和“受事”弄反了。应该是“雨淋他”。所以改为“他被雨淋了”。

（十一）“受”“被”混淆

（1）玛丽被爸爸的影响，从小就喜欢体育。

改正：玛丽受爸爸的影响，从小就喜欢体育。

（2）2008年，中国被很大的灾害。

改正：2008年，中国受到了很大的灾害。

解析：这里很明显，学生把“被”的意思等同于“受”“受到”。也就是说把“被”看作了动词，因为被字句中，“被”后面应该是“施事”，然后是“动词”。这里“被”的后面是名词性短语“爸爸的影响”“很大的灾害”，所以是对“被”的过度泛化。

（十二）“被”“给”混淆

（1）小狗被给撞死了。

改正：小狗被撞死了。或小狗给撞死了。

（2）小偷给警察给抓走了。

改正：小偷被警察给抓走了。

或：小偷被警察抓走了。

或：小偷给警察抓走了。

解析：因为老师反复讲，“给”和“被”的意思是一样的，“小偷被警察抓走了”还可以说“小偷给警察抓走了”。老师还会对学生讲，“被”后面的动词前还可以用“给”，如“小偷被警察给抓走了”，于是给学生一个误导，就产生了“小狗被撞死了”又误加了“给”；“小偷被警察给抓走了”误将“被”用成“给”。老师应该强调，“被”和“给”不能连用；一个“被”字句也不能同时出现两个“给”。用公式总结如下：

给：宾语＋给＋主语＋动词＋其他

宾语＋被＋主语＋给＋动词＋其他

*宾语＋给＋主语＋给＋动词＋其他

“被”字句是对外汉语教学中的难点，很多学者还从不同角度对这一典型句式进行深入研究。王还（1983）通过英汉对比，研究了“被”字句可能译成英语被动句的条件和限制。这虽是从英汉翻译的角度研究“被”字句，但这类研究有利于非汉语母语者认识英语与汉语之间的差异，从而提高习得“被”字句的效率。吕文华（1990）探讨了“被”字句和无标志被动句的变换关系和条件从而阐述了造成运用被动句中出现病句、错句的主要原因。祖人植（1997）认为“被”字句所表现的非不如意已逐渐增多。文章同时讨论了两大类“被”字句的不同特点，并认为对对外汉语教学语法点的讲解有一定启示。邓守信（2003）从第二语言习得偏误等情况出发，认为应该加强“被”字句句法研究，规范“被”字句中动词的使用。

三、“被”字句的教学对策

现代汉语“被”字句向来是对外汉语教学的重点和难点，随着对外汉语教学的日益发展，无论是“被”字句的本体研究还是对外汉语教学的理论研究都达到了较高的水准。关于对外汉语中“被”字句的教学方法，有许多学者作了相关的论证。

除了对“被”字句的句法语义进行研究外，也在语用研究上有所突破。这样的研究成果对“被”字句的汉语教学提供了很好的思路和教学对策。洪波在《语篇层面的“被”字句及其教学》中认为，目前“被”字句的教学，基本停步于形式上的句法、语义结构描述的强调，停步在和“把”字句以及一般主谓句的转换练习上，即注重了单句句型的教学，而没有充分重视“被”字句的语用功能的教学。在“被”字句的使用上，强调了被动意义是“被”字句使用的前提条件，但对能在什么样的情况或上下文中出现，不能在什么样的情况或上下文中出现，即“被”字句使用的语义背景，并未作表述和强调。在目前能了解到的文章和著作中，也没有学者对结合语义背景进行“被”字句的教学这一问题提出明确的建议。周文华、肖奚强在《基于语料库的外国学生“被”字句习得研究》中认为，目前的教学大纲和教材的“被”字句教学都没有分层次，其教学顺序安排与学生的实际习得情况不一致。一些学者提出了关于“被”字句的教学建议，如高顺全《试论“被”字句的教学》；黄月圆等的《汉语作为第二语言“被”字句习得的考察》；吴门吉、周小兵《“被”字句与“叫、让”被动句在教学语法中的分离》。学者们多提倡“被”字句的教学应分阶段进行，这种教学方法充分考虑了留学生的汉语水平及他们能接受的语法的难度问题。

正是由于很多专家学者包括一些经验丰富的一线汉语教师不断总结，不断探讨，近年来涌现出一些高质量的硕士论文。如刘红燕的硕士论文《对外汉语教学中“被”字句的习得情况考察》（北京语言大学，2006）结合对外汉语教学系统大纲和教材对“被”字句句式的选取和编排情况考察留学生习得“被”字句的特点和规律。她同时将留学生使用“被”字句和本族人使用“被”的情况做了对比，也进行了问卷调查，分析留学生对各种“被”字句句型的习得情况提出了几点对大纲制定、教材编写和课堂教学的建议。桂孟秋的硕士论文《基于“小三角”理论的“被”字句对外汉语教学研究》（华中师范大学，2011）采用语法研究的“小三角”验证理论作为方法论，研究了“被”字句在母语语料和HSK动态作文语料库中的表现。对母语语料和HSK语料进行“表—里—值”小三角的验证，然后进行对比分析，得出留学生使用“被”字句存在以下两个问题：使用不足，以语义及语用型偏误为主要特点。同时考察了三部当代对外汉语教材和三部教学语法，发现教材和教学语法在“被”字句教学的处理上，重视语表形式的讲解和训练，语里意义讲解过于简单，语用价值重视不够。由此得出：“被”字句的教学应采用以语义、语用教学为主导的“表里值”分层次教学法。

我们结合前面讨论的“被”字句偏误类型从本体研究、教材编排、教学顺序、对比分析、情景教学、加强练习、提升教师素养七个方面论述“被”字句的教学策略。从语言共性的角度出发，研究不同母语背景的留学生在习得汉语“被”字句时，利用母语正迁移的积极影响和改变“被”字句不同句式的习得顺序这两个途径来寻求提高“被”字句教学效率的方法。

（一）加强本体研究

针对“被”字句教学，对外汉语教师首先是加强“被”字句的本体研究，充分准确全面地说明“被”字句的语法规则和“被”字句使用的语义条件、语用环境。陆俭明（2005）指出：“对外汉语教学的实际需要和学生提出或出现的种种问题迫使汉语本体研究要进一步细化”“对外汉语教学的实际需要和学生提出或出现的种种问题迫使汉语本体研究的学者专家必须加强词语或句法格式的用法研究，特别是语义背景的研究。”比如说“被”字句的谓语动词的语义特征要求，谓语动词补语的要求，“被”字句用于遭受义和非遭受义的考察等，只有做好了“被”字句的本体研究，才能为对外汉语教学打下良好的基础。邵敬敏、罗晓英（2005）认为在对外汉语语法教学中，最重要的不是教给他们语法的格式及其表示的意义，而应该是揭示隐藏在这些格式背后的制约因素，也就是提供制约这些规则的条件。因此我们还要知道什么时候用“被”字句，什么时候不用，避免学生出现语用失误。

我们还要加强对对外汉语教学的理论研究。包括对外汉语教学的教育学、心理学、偏误分析、语言学、中国文化等多重领域，只有构建起健全的理论体系，对外汉语教学才能有理可依、有据可循，才能越来越规范。再有就是做好汉外对比研究。从偏误分析可知，很多偏误都是由母语的负迁移导致的，因此加强汉外对比研究可以有效地预防和控制可能产生的偏误，同时也可以使教学者理清偏误来源，使得教学过程更加具有针对性，从而提高效率。

（二）加强教材编排

目前的对外汉语教材关于“被”字句的编排确实存在一些问题。高顺全（2001）指出：对外汉语教材在“被”字句语法项目的编排上不尽合理。表现之一是“被”字句的出现偏早。“被”字句的语法等级为甲级，而根据施家炜（1998）对外国留学生 22 类现代汉语句式的习得顺序研究，对于留学生来说“被”字句的两种基本格式的主客观等级均为二级。这表明教学语法的估计偏易。

针对“被”字句教学中存在的问题，很多学者在文中提到应有如下几个改变：一是教材知识点的编排上应该遵循循序渐进、突出重点、结合难点、照顾语篇、详尽全面的原则。知识点应该从易到难讲解给学生，结合学生练习中出现的偏误重点讲解，且在讲解知识点的过程中应尽量采取对话的方式，从而使学生掌握“被”字句使用的语境。二是练习的安排上应针对性和多样性相结合。针对性的练习有助于学生较为牢固地掌握知识点，但是过多的机械练习会让学生的学习主动性降低，因此我们应设计更多较为有趣的练习，如问答的形式可以加强“被”字句使用语境的理解，而整理句子的形式则可以有效地防止错序偏误的产生。

吴门吉、周小兵（2005）结合第二语言学习难度的测定原则，用多种方式对外国留学生习得意义被动句与“被”字句的难度进行考察和比较，发现意义被动句的习得难度比“被”字句要高，因此提议：“被”字句最好在初级阶段教，意义被动句最好在中级第一阶段教。刘红燕（2006）认为“被”字句是一个教学容量较大的语法，留学生不可能一下子完全掌握，对于各句式的习得是需要一个过程的，这和大纲对此的处理是一致的。不过，可能是因为只有初级阶段的教材对各种语法进行了集中讲解，所以教材没有将“被”字句分解成各个不同的句式。根据我们的习得理论和考察结果，教材可以尝试将“被”字句分级讲解。周文华、肖奚强（2009）通过中介语语料库进行大量实证研究，得出结论：大纲和教材中虽然都有“被”字句的编排，但它们仅关注“被”后宾语省略与不省略的问题，涉及的下位句式只有三种，而这三种句式是本族人常用的句式，但对于外国学生来说，并不是最容易习得的句式，所以大纲教材关于“被”字句的编排有待改善。这些研究成果对一线汉语教师在对外汉语“被”字句教学过程中有很大的启发和借鉴意义。

（三）合理安排教学顺序

随着第二语言习得研究的快速发展，越来越多的研究者意识到习得的重要意义，开始从学生的角度来关注第二语言教学。因为只有清楚地了解了学生的学习规律，才可以根据习得的成果来制定教学大纲，使教学大纲建立在更加科学的基础之上，才能为教材编写和课堂教学提供更加可靠的科学依据，直接促进课堂教学。

比较有代表性的研究成果包括黄月圆、杨素英、高立群、张旺熹、崔希亮的《汉语作为第二语言“被”字句习得的考察》（2007）。文中结尾指出：“在编写教材和课堂教学中，我们要加重结果性谓语的分量，循序渐进地给学生介绍汉语不同形式的补语，如结果补语、时量短语、动量短语、动趋复合词、‘得’字结构等。我们的考察发现动趋复合词、结果补语是留学生使用比较早又掌握得较好的补语，所以这些类型的补语可以先教；而‘得’字结构等补语在我们考察的语料中极少出现，说明这是习得中难度比较大的补语，需要在中级教学阶段有计划地引入，并且可以通过练习形式加强学生对它们的认识和运用。”周文华、肖奚强的《基于语料库的外国学生“被”字句习得研究》（2009）对中介语语料库中出现的所有国别的外国学生的“被”字句各下位句式的习得顺序进行全面的考察，认为应该把外国学生“被”字句的正确率顺序作一些调整。研究发现外国学生使用的“被”字句数量远低于本族人，且偏误率高，同时在大量不该用被动句的地方又误用“被”，这说明“被”字句的确是学生习得的一个难点。对于这样一个难点，不能笼统地只讲基本原则，而应该把“被”字句的结构规则细化，分句式、分层次地教学，这样才有利于难点分化，降低“被”字句的习得难度，也符合循序渐进的习得规律。

总之，“被”字句的教学是对外汉语教学中的重难点，对这种难度较高的语法项目，教师应采取化整为零、分散处理的方法由浅入深地进行分阶段教学。在教学中，对外汉语教师应该按照“先易后难、循序渐进”的原则安排教学顺序，不是把全部的“被”字句的结构和用法全部抛给学生。这样既可以降低二语学习者的学习难度，也可以减少来自汉语内部的干扰。所以，合理安排教学顺序，逐渐加强“被”字句结构教学，对第二语言学习者熟练掌握各种被字句结构至关重要。

（四）加强对比分析

在前面的偏误分析中，我们发现学习者的母语不同，习得的效果也就不同。借助母语的正迁移，合理利用母语的负迁移，对不同的问题有针对性展开对外汉语教学。在“被”字句的教学中，主要包括以下两个方面。

首先，母语的负迁移。正如我们在偏误原因分析中所考察的，来自以英语为代表的印欧语系的语言、韩语、日语等不同语言的学生，在“被”字句的使用过程中往往会有不同的系列的偏误，在教学中教师应当针对其母语情况，区分其教学的重点和难点。例如对于母语是韩语、日语的留学生，特别注意语序的教学，避免学生错序的偏误；对于母语是以英语为代表的印欧语系的学生，则特别关注被动句的过度泛化问题，强调“被”字句的使用范围，强调与被字结构相关的其他成分的语法位置，有针对性地展开教学。其次，合理利用母语正迁移。在“被”字句教学中，合理利用学习者母语中相似的结构，例如韩语、日语中较多被动句式，而英语中的“by”也有汉语中的“被”有一定的相似性；不同语言中施事、受事关系与汉语的比较，引导学生将汉语和自己的母语进行对比，在对比中深入理解被动句式。

近年来，不同母语的留学生习得“被”字句的研究成果比较丰富，值得借鉴。郭栩的《日本学生学习“被”字句习得偏误分析和教学对策》，从定义和结构角度对汉语“被”字句和日语被动句进行对比，根据语料把日本学生学习“被”字句偏误分成六大类。根据偏误原因提出了情景教学法、对比教学法和反复教学法，特别总结了对比教学法中要注意讲解的三个要点，为对日汉语“被”字句的教学提供了参考。韩善美的《印尼留学生习得汉语“被”字句情况分析》，论文对汉语“被”字句与其印尼语中相应表达形式进行对比分析，概括总结出两者的异同之处。同时通过对 HSK 动态作文语料库和暨南大学华文学院留学生书面语语料库中印尼学生学习和使用汉语“被”字的情况进行分析，对偏误类型进行概括总结，探究产生偏误的原因，并提出相应的一些教学建议。王双玲的《母语为英语的外国留学生习得“被”字句偏误研究》，通过分析得出结论：以英语为母语的外国留学生习得“被”字句时，最容易出现的错误就是遗漏，其中最容易遗漏的部分是“被”字及补语，母语知识的负迁移与习得环境这两个因素对习得者的影响最大。

（五）加强情景教学

“被”字句的教学基本原则是突出语用功能的同时兼顾语法和语义。大部分二语学习者觉得“被”字句很难是因为平时用得少，课堂教学形式单调老套，教师教学主要以讲解结构为主，辅以大量的机械性练习，以强化学生对各句式的记忆和使用。这样的教学手段并不能让学生达到学以致用的效果，所以二语学习者经常会在表达上出现障碍。我们在“被”字句教学中应该尝试引入情景教学的方法。通过实物演示、图片展示、视频放映等多种形式向学生提供具体的情景，引导学生在情景中使用“被”字句。教师板书展示学生所造的“被”字句，进而为学生详细讲解其用法，也可把学生分成若干组，教师给出不同情景，让各小组表演，其余的学生根据其表演造句。这样既能提高学生的课堂参与度使课堂氛围活跃，又能让学生在参与中真正体会到它的用法，避免传统教学中单一的操练形式的枯燥乏味，学生在愉快的情境中更容易学以致用。

这里我们给大家介绍一下王双玲（2016）中的经典案例，可以为我们提供直观的教学案例。

针对留学生最大的偏误类型“遗漏”及留学生对“被”字的使用不敏感的现象给大家做一个小示范。需要以直观法把一张“衣服”图片，一张“大风”的图片，再出示一张“大风把衣服吹跑了”的图片。先观察再问留学生：“第一张图片是什么啊？”留学生回答：“衣服。”我们教师再把留学生回答的“衣服”二字写在黑板上。再问第二张图片是什么。留学生回答“风”，教师再把“风”写在黑板上，注意要与“衣服”在一条直线上，并且中间保持距离。接下来，我们教师要展示第三幅图片，并且说出“衣服 被 风 吹 跑了”。接下来，再举例别的图片，大概 2 到 3 组，但是老师只负责写，其他部分由学生自主完成，不论对错，都先不要点评。这样几组都写完之后，收起 PPT，在黑板的右侧写下结构：主语 + 被 + 宾语 + 动词 + 其他。（第一堂课不要说施事主语或者受事宾语的问题）接下来就是继续展示图片，做巩固练习。之后请大家记笔记，即黑板的右侧部分，并且布置作业。（王双玲 2016：31）

（六）加强练习

加强练习是所有语言教学的重要环节之一，如何展开练习才能提高教学效果和教学效率也是对外汉语教学研究的重点。在对外汉语被动句教学中，变换练习是常见的练习方式。一是将主动句和被动句之间变化，让学生深入了解二者施事、受事关系的不同，施事者、受事者句法位置的不同，可以避免留学生作文中大量出现错序偏误，也可使学生更深入了解被动句的语义关系和语用功能。当然，这种操练应该适度，否则，就可能收不到预期的效果，甚至适得其反。

很多老师愿意采用变换分析的练习方式，如：我把作业写完了—作业被我写完了。而我们要强调的是教师应该在变换的句子的选择上多下功夫，因为很多主动句和被动句之间并没有转换关系，如果用例选择不好，效果往往适得其反；而如果选择合适的练习题目，则可以达到事半功倍的效果。戴浩一先生通过考察指出，“把”字句和“被”字句是处在同一个平面上的从两个不同角度出发的使动式，可以在对外汉语教学中让留学生在二者之间展开变换练习，二者的对应也是非常整齐的。

贾雨薇（2015）提出“自主学习设计”教学方案。学生自主设计学习及练习的环节，学生根据自己一个阶段学习的知识储备形成对新语法体系的认识。因此教师在此过程中应该留意学生出现的问题，但是并不采用有错必纠的态度，要保有学生的积极性，调动起主观能动性。该部分的时间设定为 15 分钟。具体案例如下：

在知识点导入后，“被”字句的知识框架已经在学生的脑中形成，此时，教师应着重强调“被”字句的结构、语义以及语用功能，并让学生思考：“你经历过哪些让你觉得不愉快的事？”此时可以给同学们留出 3 分钟思考时间，此时教师引导学生思考，并鼓励其自主查阅相关资料，甚至借助工具书完成。学生思考结束后，教师引导学生自主发言，并把同学们的答案写在黑板上，例如，“被老师批评了”“考试不好”“手机丢了”“玻璃杯碎了”“钱包丢了”“比赛输了”“气哭了”等。学生在做这些描述的时候不一定会用到‘被“字句，教师就要发挥主导作用，将学生描述出的主动句在合乎语法规范的前提下，转换成”被“字句。（贾雨薇 2015：63）

（七）提升教师素养

对外汉语教师首先应具备良好的汉语基础，这是做好对外汉语教学工作的前提条件。除此之外，教师还应该在教学过程中注重发挥自己的主观能动性、积极性和创造性，而不应照着教材大纲照本宣科。教材大纲只是一种工具，一种教学的凭借，而不应成为教师教学的唯一凭据。教师在教学过程中应该注重发挥学生主动性，灵活教学形式和模式，多与学生进行沟通，否则学生在学习过程中一直处于被动状态，不利于知识点的理解和获取。

很多学者根据学生习得“被”字句情况，提出更有针对性的教学对策。

施家炜（1998）使用多种方法对语料进行处理、统计和分析，对留学生常用的22类现代汉语句式的习得顺序进行了考察。吴门吉、周小兵（2005）根据“被、叫、让”三种被动句在现代汉语中的使用频率并结合留学生习得三种被动句的的实际情况，提出“被、叫、让”被动句在教学中应该分开处理，有阶段性地进行传授，“被”字句作为最典型的被动句形式，教学活动可放在初级阶段进行。

因此我们认为对外汉语教师一方面应有非常扎实的汉语本体研究功底，另一方面还能将本体研究与教学实践相结合。邵敬敏、罗晓英（2005）指出：“作为汉语语法的本体研究，可以运用不同的理论和方法，从各个角度进行分析。只要你能够准确地描写、合理地解释，我们都应该承认这一研究是有效的。但是要把这些研究成果引入对外汉语教学，则不能简单 地直接导入。而需要在研究与教学之间架起一座桥梁。”邵文用8个字精辟概况这种转化能力：“化繁为简”“为我所用”。并进一步给一线教师提出教学建议，得出结论：研究语法，从理论上讲，越细致越有价值。但是作为教学就必须简明扼要，不能什么都说。“运用”和“应用”是截然不同的两个概念。

参考文献

[1] 陆俭明：《对外汉语教学与汉语本体研究的关系》，《语言文字应用》2005年第1期。

[2] 邵敬敏、罗晓英：《语法本体研究与对外汉语语法教学》，《暨南大学华文学院学报》2005年第3期。

[3] 鲁健骥：《外国人学汉语的语法偏误分析》，《语言教学与研究》1994年第1期。

[4] 鲁健骥：《偏误分析与对外汉语教学》，《语言文字应用》1992年第1期。

[5] 朱德熙：《语法讲义》，商务印书馆1982年版。

[6] 黄伯荣、廖序东：《现代汉语》，高等教育出版社2007年版。

[7] 李大忠：《外国人学汉语语法偏误分析》，北京语言大学出版社1996年版。

［8］李大忠：《偏误成因的思维心理分析》，《语言教学与研究》1999 年第 2 期。

［9］李勉东：《现代汉语语法研究》，东北师范大学出版社 2003 年版。

［10］熊学亮，工志军：《被动句式的原型研究》，《外语研究》2002 年第 1 期。

［11］王还：《“把”字句和“被”字句》，上海教育出版社 1984 年版。

［12］周小兵、李海鸥：《对外汉语教学入门》，中山大学出版社 2004 年版。

［13］周小兵、朱其智、邓小宁等：《外国人学汉语语法偏误研究》，北京语言大学出版社 2007 年版。

［14］吕文华：《“被”字句中的几组语义关系》，《世界汉语教学》1990 年第 2 期。

［15］范晓：《“被”字句谓语动词的语义特征》，《言语与汉语理论研究》2006 年第 2 期。

［16］刘月华等：《实用现代汉语语法（修订本）》，商务印书馆 2001 年版。

［17］李临定：《现代汉语句型》，商务印书馆 1986 年版。

［18］郭晓玮：《留学生学习汉语被动句的偏误分析》，《天津师范大学硕士论文》2008 年。

［19］高顺全：《试论“被”字句的教学》，《暨南大学华文学院学报》2001 年第 1 期。

［20］张伯江：《“被”字句和把字句的对称与不对称》，《中国语文》2001 年第 6 期。

［21］黄月圆、杨素英、高立群、张旺熹、崔希亮：《汉语作为第二语言“被”字句习得的考察》，《世界汉语教学》2007 年第 2 期。

［22］邵敬敏：《“把字句”、“被字句”的认知解释》，《汉语被动表述问题国际学术研讨会论文集》2006 年版。

［23］洪波：《语篇层面的“被”字句及其教学》，《云南师范大学学报》2003 年第 3 期。

［24］吴门吉、周小兵：《“被”字句与“叫、让”被动句在教学语法中的

分离》,《云南师范大学学报》2004年第4期。

[25] 周文华、肖奚强:《基于语料库的外国学生“被”字句习得研究》,《暨南大学华文学院学报》2009年第2期。

[26] 施家炜:《外国留学生22类现代汉语句式的习得顺序研究》,《世界汉语教学》1998年第6期。

[27] 宋玉柱:《现代汉语特殊句式》,山西教育出版社1991年版。

[28] 刘丹青:《差比句的调查框架与研究思路》,《现代语言学理论与中国少数民族语言研究》2003年。

[29] 陈昌来:《对外汉语教学概论》,复旦大学出版社2005年版。

[30] 崔永华:《词汇文字研究与对外汉语教学》,北京语言大学出版社1997年版。

[31] 黄冰:《第二语言习得入门》,广东高等教育出版社2004年版。

[32] 李临定:《现代汉语句型》,商务印书馆1986年版。

[33] 韩善美:《印尼留学生习得汉语“被”字句情况分析》,《华中师范大学硕士论文》2016年。

[34] 吴门吉、周小兵:《意义被动句与“被”字句习得难度比较》,《汉语学习》2005年第1期。

[35] 李珊:《现代汉语被字句研究》,北京大学出版社1994年版。

[36] 刘珣:《对外汉语教育学引论》,北京语言大学出版社2000年版。

[37] 刘珣:《汉语作为第二语言教学简论》,北京语言大学出版社2002年版。

[38] 邢福义:《汉语语法学》,东北师范大学出版社1998年版。

[39] 吕文华:《对外汉语教学语法探索》,语文出版社1994年版。

[40] 潘允中:《汉语语法史概要》,中州书画社1987年版。

[41] 齐沪扬:《对外汉语教学语法》,复旦大学出版社2005年版。

[42] 任长慧:《汉语教学中的偏误分析》,武汉大学出版社2001年版。

[43] 刘传清、魏清倩:《汉语作为第二语言教学的“被”字句研究综述》,《三峡论坛》2015年第1期。

[44] 王建勤:《汉语作为第二语言的习得研究》, 北京语言大学出版社, 1997年版。

[45] 吴丽君等:《日本学生汉语习得偏误研究》, 中国社会科学出版社, 2002年版。

[46] 彭淑莉:《留学生习得汉语"被"字句的偏误类型分布考察——基于看图写话的调查研究》,《珠海城市职业技术学院学报》2002年第1期。

[47] 彭淑莉:《留学生汉语被动句输出情况的调查研究》,《云南师范大学学报》2006年第6期。

[48] 桂孟秋:《基于"小三角"理论的"被"字句对外汉语教学研究》,《华中师范大学硕士论文》2011年。

[49] 王双玲:《母语为英语的外国留学生习得"被"字句偏误研究》,《黑龙江大学硕士论文》2016年。

[50] 贾雨薇:《面向对外汉语教学的现代汉语"被"字句研究》,《黑龙江大学硕士论文》2015年。

[51] 郭栩:《日本学生学习"被"字句习得偏误分析和教学对策》,《湖南师范大学硕士论文》2013年。

[52] 刘红燕:《对外汉语教学中"被"字句的习得情况考察》,《北京语言大学硕士论文》2006年。

[53] 张起旺、王顺洪主编:《汉外语言对比与偏误分析论文集》, 北京大学出版社1999年版。

[54] 贾晓蕾:《对外汉语教学中"被"字句的偏误分析及其教学策略》,《语文学刊》2012年第10期。

第三讲

“使”字句

现代汉语中表示“致使”意义的句式相当多。如：“使”字句、“让”字句、“叫”字句、部分“把”字句、使动句，等等。其中“使”字句，作为由特定标记构成的致使结构，是汉语中较为典型的致使句，也是对外汉语教学的重点内容之一，使用频率很高。汉语学界对该种句式中的“使”字的词性或者说词类归属，句法结构分析一直都有热烈的讨论，同时也存有较大的争议，对该句式的句式语义、篇章语义等方面有研究，还都有待于进一步的深化。“致使”作为语言中一个重要的句法语义范畴，在人类语言学中普遍存在。针对这一特殊句式，以往的研究多是从本体研究出发，把“使”字句作为兼语句中的一个小类进行探讨。但是从对外汉语教学的角度出发，对“使”字句习得和教学的研究相对较少。

这里我们所称的“使”字句是以“A+ 使 +B+C”为线性结构的致使句式，也就是以“使”字为特定标记的狭义“使”字句。“使”字句也是兼语句中的一种，称之为使令类兼语句。基于学者对“使”字句的本体研究，我们试图通过分析留学生习得“使”字句时出现的偏误，并讨论偏误产生的原因，从而揭示对外汉语“使”字句的教学策略。

一、“使”字句的语法特征

邢福义（1986）最早使用“使”字句这一说法，但未界定“使”字句概念。对于“使”字句中“使”的词性语法学界有不同的观点。吕淑湘先生（1996）编著的《现代汉语八百词》中解释到“使”是一个动词，可以理解为“支使，使唤”，并且对它后面所接的宾语有严格的要求，必须是指代人的名词。张静（1980）认为“使”不能单独做谓语，建议将“使”归入介词，在句子里组成介词结构做状语。赵冰波（1994）、车竞（1998）、宛新政（2005）等人也认可“使”的介词词性。邢欣《线析兼语式动词“使”的特点》中关于“使”的词性认为应该按照“使”的语法特点来确定其词性，虽然“使”在有些方面确实接近于介词类，但不能由此将“使”归入介词，并且主张将“使”放在兼语动词里较好。除此之外，很多学者也对“使”字句的主语进行了深入研究。赵冰波（1994）指出狭义“使”字句的使前主语一般不表示人，表示人的不到10%。袁毓林（2002）也说明了“使”字句的主语大多数是由事件和抽象事物来充当，只有少数由人充当。邢欣（2004）在对100万字文艺语体进行统计后发现“使”字句其主语表示抽象事物和事件的共占76.9%。

虽然对致使结构和“使”字句的本体研究角度多维、成果颇丰，可是能直接应用到对外汉语教学实践中的成果较少，二者尚未实现有效的结合；在对“使”字句的描写多是建立在母语者的语感优势之上，往往抽象难懂。用这种描述来帮助留学生理解“使”字句的特性显然是不适宜的。因此此部分的语法特征描写，我们不作穷尽性分类和描写，而是根据教学实践，归纳总结出典型句法结构。我们把“这件事使我很高兴”“骄傲使人落后，谦虚使人进步”这样的带有“使”字的句子称之为“使”字句。基本结构为：主语1+使+主语2+谓词。基本语义是，表示主语1（某个事件或某个动作）致使主语2出现某种客观结果。表义的核心是“致使”。

（一）基本句法格式

基本格式1：主语1+使+主语2+程度副词+形容词

他的话	使	我	很	生气
巴特的成绩	使	大家	非常	佩服

基本格式2：主语1+使+主语2+感到+宾语

他的情绪	使	我	感到	不安
他的到来	使	大家	感到	很意外

主语1+使+主语2+觉得+宾语

你这样说	使	我	觉得	不好意思
他的打扮	使	我	觉得	他不是好人

基本格式 3：主语 1+ 使 + 主语 2+ 动词 + 其他

地震	使	四川	遭受	了很大的损失
老师的帮助	使	杰克	进步	非常快
北京之行	使	我	对中国有了很深的了解	
这件事	使	他们的关系	得到缓和	

语法结构小结：

（1）主语 2 是动作或状态的发出者和拥有者，也就是说主语 2 和后面的谓词性成分构成“主谓”关系。

（2）使字句中谓词性成分多为形容词，即使是动词，动词性短语里也常常含有形容词修饰成分。

（3）整个表义体系为：主语 1—致使—主语 2—产生结果。核心义为“致使”。主语 1 和主语 2 隐含着“因果关系”：因为主语 1—所以—致使主语 2—产生结果。

（4）谓词性成分不能是单个动词，要用连带成分（宾语、状语、补语）表达结果义或有什么影响。

（5）主语 1 和主语 2 一般都是确指的。

（二）“使”字句与其他句式的辨析

1.“使”与“叫、让”的区别

尽管“使”与“叫、让”字句都可以表示致使义，但侧重点有所不同，因此留学生在习得“使”字句过程中经常与“叫、让”字句混淆，所我们有必要进一步分析“使”字句与“叫、让”字句在使用上的区别。看如下几个例子：

（1）这张照片使我想起了很多美好的回忆。

（2）这张照片让我想起了很多美好的回忆。

（3）这张照片叫我想起了很多美好的回忆。

句子中“使”“叫”“让”都表示“致使”，可以互换。

（4）部门主管让我下周去大连出差。

（5）部门主管叫我下周去大连出差。

（6）* 部门主管使我下周去大连出差。

第二个句子中“让”和“叫”则不能换成“使”，说明它们的语义又不完全相同。郭妹慧（2004）在《“使”字句的成句条件》中写到：“使”“叫”“让”字句都可以表示“致使”，而“叫”“让”句还可以表示“使令”，而“使”字句不能。所以我们把它们分成表示“致使”的“使”字句、“叫”字句、“让”字句和表示“使令”的“叫”字句、“让”字句，并将其进行对比。

此外，在书面语中一般用“使”，在口语中一般用“叫”和“让”，而且“叫”比“让”更加口语化。

再看下面一组例子：

（1）接二连三的打击使她的心理防线彻底崩溃。（致使）

（2）接二连三的打击叫她的心理防线彻底崩溃。（致使）

（3）接二连三的打击让她的心理防线彻底崩溃。（致使）

这三个句子都表致使义，表达了由于“接二连三的打击”造成了“心理防线的彻底崩溃”。

（4）客户让他马上把钱打过来。（使令）

（5）客户叫他马上把钱打过来。（使令）

（6）* 客户使他马上把钱打过来。

总结如下：

第一，“使”字句、“叫”字句、“让”字句——“致使”——重在结果，是由于某种原因使得某种结果产生，与人的主观意识无关。

第二，“让”字句和“叫”字句——“使令”——重在行为，是做出指示和命令，可能产生结果，也可能不产生结果。

第三，“叫”和“让”和“使”一样，能够表达“致使”的意思。一般来说可以互换，在口语中，“叫”和“让”用的比较多。书面语中“使”用的比较多。

2.“使”字句和“把”字句的区别

留学生常常把“把”字句和“使”字句弄混。因为它们都表示动作发生后，对对象产生什么样的影响，具有了什么样的结果。但它们不是一回事。试比较：

第一组：

（1）妈妈把孩子送到了幼儿园。（妈妈—送—孩子）

* 妈妈使孩子送到了幼儿园。（* 孩子—送）

（2）弟弟把我的手机用坏了。（弟弟—用坏—我的手机）

* 弟弟使我的手机用坏了。（* 我的手机—用坏）

第二组：

（1）这个地图使我找到了那个地方。（我—找到那个地方）

* 这个地图把我找到了那个地方。（* 这个地图—找到—我）

（2）弟弟使我的手机坏了。（我的手机—坏）

* 弟弟把我的手机坏了。（* 弟弟—坏—我的手机）

仔细观察这两组例子，第一组可以用“把”字句，但不可以用“使”字句。因为我们知道“把”字句中，主语和宾语一定是施事和受事的关系，才可以用作“把”字句。所以第一组符合这样的条件，可以用“把”字句。而“使”字句中，主语 1 和主语 2 不是施事和受事的关系，但要满足这样的条件：主语 2 和谓语是施事和动作的关系，主语 1 只是动作发生的原因或条件。第二组符合这样的条件，所以可以用“使”字句。主语 1 和主语 2 不是施事和受事的关系，所以不能用“把”字句。李大忠（1996）指出：“学生之所以这样用，看来是把相近而不相同的语法意义视为同一了”。

二、“使”字句的偏误分析

由于“使”字句在留学生教材中出现的较晚，教材中对相关概念的阐化与讲解也较为笼统，使得中高级汉语水平的留学生在表达致使义时很少主动输出相对于“叫”“让”而言较为高级的词汇“使”。相反，很多中高级汉语水平的留学生往往因为对其句式结构以及语义特征的不了解，往往会出现很多偏误。尤其经常混淆“使”字句与“叫”字句、“让”字句、“把”字句的用法，例如李大忠在《外国人学汉语语法偏误分析》中举的例子：

* 他使我去商店买东西。

* 他只会使人做这做那，自己从来不干。

* 父母不使他看这样的书。

* 学习汉语能把我在中国生活得很方便。

以上这些错误都是由于留学生混淆了“使”字句、“让”字句、“把”字句的用法而造成的。在对外汉语教学实践中，发现留学生很少主动输出汉语中的“使”字表达，在表达致使义时经常使用“让”字句而很少使用“使”字表达。胡裕树（1995）指出“不同的语体运用不同功能的语言材料。这些语言材料在语音、词汇、语法方面具有不同的功能特点，以适应不同语体的表达需要”。“使”字句经常用于书面语中。但是通过检索北京语言大学 HSK 动态作文语料库，我们发现在留学生作文中，表致使义的“使”字句在使用中存在着很多问题：留学生的写作中在该用“使”字句的地方反而用成“把”，在既可以用“使”也可以用“让”的句子中，学习者较少使用更具书面语色彩的“使”反而用“让”来代替，等等。

（一）回避使用“使”字句

（1）这样的结果真是后悔我。

改正：这样的结果真是让我后悔。

（2）我不知道怎么做才能满意她。

改正：我不知道怎么做才能使她满意。

解析：这两个句子都是应该使用“使”字句而没有用。这是留学生初学“使”字句时不太适应，也不敢用，为了回避偏误而产生的新偏误。还有一个原因是学生对“后悔”“满意”这样的词的用法不是很清楚，误将它们当作及物动词，所以出现错误的搭配“后悔我”“满意她”。对于这样的词，汉语里有固定的格式：使（叫、让）+ 人 + 很 + 后悔、满意、生气……。或对 + 人或事 + 很 + 后悔、满意、生气……。

（二）不该用而误用

1.等同“使、叫、让”

（1）父母使我和弟弟来大连学习汉语。

改正：父母让我和弟弟来大连学习汉语。

（2）老师使罗曼参加运动会。

改正：老师让罗曼参加运动会。

解析：例（1）中学生把“使”的意思当作“支使”，也就是“让”的“ask”的意思。很多留学生用电子词典查“使”的意思，很多词典的解释是“ask、attach”，如果查汉语词典，很多汉语词典解释说“使”和“叫、让”意思差不多。所以学生在很多情况下，把“使、叫、让”的意思等同。这里他们就把应该用“叫、让”的词误用为“使”。前面比较中我们说过，“使”字句只有“致使义”，而没有“使令义”，这两个句子都是“使令”的意思，所以不能用“使”，而应该用“让”或“叫”。如果将可以表达致使义的词语补出来，也可以。如“父母使我和弟弟有机会来大连学习汉语”“老师使罗曼能够参加运动会”。

2.夸大因果关系

（3）大连的夏天很迷人，使我们去海边游泳。

改正：大连的夏天很迷人，所以我们去海边游泳。

（4）我迷上了那个中国女孩，使我学习汉语。

改正：我迷上了那个中国女孩，所以我学习汉语。

解析：学生过分强调“使”字句中，主语1的原因和谓语的结果的关系。所以把一些因果复句改成了“使”字句。一般来说，“使”字句的主语1不是完整的句子，而是词或短语。所以要把这样的句子还原成因果复句。

3.与“给”、“对”等介词混淆

（1）这次地震使中国带来了很大的损失。

改正：这次地震给中国带来了很大的损失。

（2）老师使我们这次考试成绩很不满意。

改正：老师对我们这次考试成绩很不满意。

解析: 例（1）中学生只强调结果义，就用了“使”字句。而忽略了语义关系。“中国”和“带来”不是“施事—动作”关系，“中国”是“带来”的对象，应该用“给”引出。例（2）中，学生一看到“很不满意”是形容词性，马上想到“使”字句，但这里的“很不满意”的主语是“老师”而不是“考试成绩”，“考试成绩”在这里不是兼语，而是“不满意”的对象，应该用介词“对”引出。“对……满意”是固定搭配。

4. 主语 1 和主语 2 相同

（1）听了这个报告，使我感动得哭了。

改正: 听了这个报告，我感动得哭了。

或: 这个报告使我感动得哭了。

（2）看到灾区人民的痛苦，使他更难过了。

改正: 看到灾区人民的痛苦，他更难过了。或灾区人民的痛苦使他更难过了。

解析: 例（1）和例（2）不能用“使”字句，主要原因是前面省略的主语 1 和主语 2 是同一个人，例 1 省略的主语是“我”，而主语 2 也是“我”，不能是“我使我”，所以不能用“使”字句。例 2 也是同样的情况，省略的主语是“他”，而主语 2 也是“他”，所以也不可以用“使”字句。或者把“使”字去掉，或者改变主语 1。

（三）缺少主语

（1）通过这次考试，使同学们知道了自己的汉语水平。

改正: 通过这次考试，同学们知道了自己的汉语水平。

或: 这次考试使同学们知道了自己的汉语水平。

（2）在老师的帮助下，使玛丽的汉语进步很快。

改正: 在老师的帮助下，玛丽的汉语进步很快。

或: 老师的帮助使玛丽汉语进步很快。

解析: “使”字句的基本结构是“主语 1 使主语 2 怎么样”。使用“使”字句时要留心“主语 1”和“主语 2”不可以缺失。“主语 1”是全句的主语，要避免把它变为其他成分，使全句缺少主语。例 1 中因为加了介词“通过”，所以把主语 1“这次考试”变成了介宾短语的宾语。全句就缺失了主语。例（2）也是同样的问题。所以学生要注意这种情况。

（四）缺少动词

（1）这次买卖使他们很多钱了。

改正：这次买卖使他们赚了很多钱。

（2）她的努力学习使她奖学金。

改正：她的努力学习使她得到奖学金。

解析：学生过分强调结果，所以遗漏了动词，在“使”字句中，主语 2 后必须有动词，构成“主语—谓语”关系。因为不能说“他们很多钱了”或“她奖学金”，这也和学生对谓语的认识有关，也是谓语的过渡泛化。

（五）缺少兼语

（1）经常在阳光下暴晒，就会使变黑。

改正：经常在阳光下暴晒，就会使皮肤变黑。

或：经常在阳光下暴晒，就会被变黑。

（2）不爱运动常常会使感冒。

改正：不爱运动常常会感冒。

或：不爱运动常常会使人感冒。

解析：表示“使”字句中，“使”后面必须有主语 2，否则构不成“主语—谓语”关系，也就不能用“使”字句了，这种句型是不完整的。例（1）可以补出主语 2“皮肤”，或者变成被字句。学生也有可能认为“被”字句中“被”后面的主语可以省略，所以泛化到“使”字句中“使”后的主语也可以省略。

（六）能愿动词、副词的位置

（1）绿茶使人能皮肤变白。

改正：绿茶能使人皮肤变白。

解析：例（1）中能愿动词“能”应该放在主语1的后面，它的意思是“绿茶能使人怎么样”。一般来说，表示致使类的兼语句“使”的前面都可以补出能愿动词，因为它们的表义有相同的地方。所以，如果有能愿动词修饰，一般来说要放在“使、叫、让”的前面。当然如果这样说“绿茶使皮肤能变白”，在语法上也是正确的。至于它和“绿茶能使皮肤变白”的差异，这对于留学生来说不是考察的范围，涉及深层次的语义分析，简单点说，“能”后面的是表义重心，所以对于“绿茶能使皮肤变白”是常态句，因为能愿动词一般要放在主语的后面，“使皮肤变白”是对主语“绿茶”的说明。“绿茶使皮肤能变白”应该看作非常态句，有意后移表义重心，强调的是“变白”。所以这是两者的不同。

（2）他的表现都使大家很满意。

改正：他的表现使大家都很满意。

（3）校园的每一个地方使我都很兴奋。

改正：校园的每一个地方都使我很兴奋。

解析：副词“都”在两个句子里的位置明显不同，那么选择的关键点是什么呢？例（2）“都”是指向“大家”，所以要放在“大家”的后面。例（3）“都”指向“每一个地方”，所以要放在“每一个地方”的后面，我们知道“都”是一个后指向副词，所以判断其在兼语句的位置，要看其指向的是谁。那么其他副词呢？这要看具体情况，有时前后都可以。如：

这样的天气确实使人很不舒服。

这样的天气使人确实很不舒服。

同样，语法上都没有问题，语义上有些许差别。前一句“确实”指向“这样的天气”，后一句指向“人”。

（七）否定形式

（1）他的话使我没生气。

改正：他的话没使我生气。

（2）他的话不使我高兴。

改正：他的话使我不高兴。

解析：同样都是否定句，但否定副词的位置不一样。如果是“没”，那么一般要放在主语 1 的后面。如果是“不”，那么要放在主语 2 的后面。但是如果“不”的后面有能愿动词，则能愿动词要放在主语 1 的后面，“不”如果是否定整个句子，则放在能愿动词前；如果是否定主语 2，则要放在主语 2 的后面。如：

他的话不会使我高兴。* 他的话不使我会高兴。

他的话会使我不高兴。* 他的话使我不会高兴。

近年来，随着汉语国际教育的蓬勃发展，对于“使”字句的对外汉语教学研究也越来越丰富。特别是不乏一些高水平的硕士论文，观点新颖、语料丰富、方法先进。文婧的《面向对外汉语教学的“使”字句研究》在对“使"字句及其同义句式“让”字句、“叫”字句、“把”字句进行句法语义分析的基础上，总结出它们在句法语义以及使用上的差别。结合北京语言大学 HSK 动态作文语料库里的资料，总结了学习者在“使”字句习得过程中出现的成分遗落、成分误加、成分错误、“使”字句与“让”字句、“把”字句混用这四类偏误。最后从工具书、教材、目的语、母语等方面分析了偏误产生的原因并提出了相关的教学建议。罗婷的《留学生汉语“使”字句的习得偏误分析》，以 HSK 动态作文语料库为依托，检索出语料中“使”字句的偏误例句，分析后发现留学生“使”字句的偏误情况较为复杂，总结归纳为遗漏、误用、误加、语义替代、冗余、错序六个方面，并依次对这些偏误类型的偏误率进行了统计。并对测试结果的统计和阐释，进一步深入分析了留学生“使”字句习得偏误产生的原因。袁洋的《针对中级汉语水平留学生的“使”字句教学实验研究》，运用显性接受式教学和显性发现式教学分别对两组被试进行教学实验，实验结果表明显性发现式教学效果更加明显，显性接受式教学在教学效果的保持上有一定优势，并根据实验结果提出三点针对“使”字句的教学建议。

三、“使”字句的教学对策

如果要分析留学生在“使”字句习得过程中出现的错误，必须重视现代汉语“使”字句的教学研究。如何使留学生更好地掌握“使”字句的句法、语义特征，正确使用“使”字句，在对外汉语教学中是十分关键的。因此，我们认为有必要对对外汉语教学中的“使”字句教学情况进行分析，这样可以减少学生的偏误率，也为一线对外汉语教师的“使”字句教学提供参考。随着对外汉语教学实践的不断深入，从事一线教学的教师们也意识到许多母语者习以为常，不会犯的语法错误，却在留学生的二语习得中出现了大量偏误。因此要解决这样的问题，除了要掌握好扎实的汉语语言本体知识以外，还要对留学生汉语习得过程的特点和规律有所认识，这样才能更好地指导对外汉语教学。下面我们就从教师教学能力、教材建设、丰富练习种类、加强对比分析、语境教学、同义句式辨析六个方面展开论述。

（一）提升教师教学能力

对外汉语教师首先要保证教学的“科学性”。科学性的原则要求教师在设置“使”字句练习的时候要尽量保持知识点的均衡分布，并保证知识点的重现率，练习的内容要与教学内容、教学目的和课型的特点相一致，练习内容尽量保持多样化，使练习真正服务于教学内容。在练习的编写上，还要尽量吸收习得顺序、偏误分析等相关研究成果，分层次、有针对性的对学习者习得过程中常见的普遍的偏误进行操练。此外，教师要加强教学的预见性和针对性。在讲解“使”字句这个语法点以前，教师要有相关语法知识储备，预见学生容易出现偏误的地方及此句式使用时常常会出现的偏误类型。在了解了学生学习的难点后，重点讲解，并且对学生容易出错的地方作适当辨析。

在“使”字句教学中，由于教师不能给予有效的教学策略调整，导致学习者忽略了“使”字句的语义、语用条件，以致在不该使用“使”字句时误用，这直接导致了学生无法掌握“使”字句。教师在“使”字句课堂教学中常见的一种教学失误是只注重句法教学，不重视语义、语用教学。即教师将教学重心放在句式的讲解和操练上，忽略了语义和语用上的限制条件，以致学习者生成形式完全正确但不符合语义或语用条件的偏误句。

此外，教师使用的例句和语言材料的选择要有交际价值，主要是句子尽量提供给人新的信息，有助于培养学生的语言交际能力；还要注意例句和语言材料的简单清晰而且要符合学习者的年龄和心理；要注意例句必须丰富。语言材料的组织要尽可能接近生活真实，使学生感受到课堂就是语言交际的场所。其次，教学内容要尽量包含感兴趣的知识，保证教学材料可以激发学生兴趣。

（二）重视教材建设，合理安排语法点

一部好的教材对留学生学习汉语至关重要，如果教材对某个语法点不做重点处理，教师可能也会按照课程进度一带而过，这样就会使学生对语法点只知其义，不知其用。《汉语水平等级标准与语法等级大纲》规定“使”字是重点掌握的词汇，然而通过考察学生常用的教材，我们发现汉语“使”字句只出现在初级或中级教材中，而高级教材中少有涉及。我们发现一般教材都是先教“把”字句和“让”字句，然后再教“使”字句。由于“把”字句、“让”字句与“使”字句在句法语义方面有相似的地方，因此，学习者会将“把”字句的一些语法规则套用到“让”字句和“使”字句中，进而产生偏误。

对于很多一线汉语教师，非常头疼的一件事是目前对外汉语教材中对于“使”字句语法点的编排和描写差异比较大，讲解也比较简单。文婧（2012）考察了“使”字句与其同义句式在《成功之路》和《新汉语教程》两部教材中的分布情况，发现“使”字句出现比较晚，同时在教材中也没有把其作为一个单独句式进行讲解，更不用说对“使”字句与同义句式“让”字句、“把”字句进行对比分析。除了教材，到目前为止也没有相关工具书对“使”字句、“让”字句、“把”字句在句法语义构成及实际使用中的异同进行分析总结。

罗婷（2015）针对教材问题，提出非常有针对性的教学策略，值得借鉴。在初级阶段，“使”字句有必要在教材中作为一个重点句式出现在语法讲解部分，同时要对“使”字句有详尽的解释说明。综合教材中，除了要重点突出“使”字句结构和语义，在中高级教材中还应涉及“使”字句的同义句式的辨析。教材针对不同的学习阶段安排不同的语法讲解，并设计相应的课后练习让学习者加深巩固。这样学习者才能积极主动地对易混淆、出错的语法进行联系、区分和记忆。（罗婷 2015：39）

在留学生习得“使”字句的过程中，偏误产生的原因就在于学习者对“使”字句本身的句法、语义、语用特点及其与同义句式“让”“把”的区别了解不够。因此在中级阶段的教材中将“使”作为一个单独句式进行讲解是有必要的。除此之外，教材编排者可以根据教材对其他表致使义句式的安排，在教材的语法讲解环节对“使”字句与“让”字句、“把”字句之间差异进行总结，并设计相应的课后习题供学习者进行辨析。

（三）丰富练习种类

对外汉语教学有一条重要原则就是精讲多练，可见练习在教学中所占比例之大。吕必松（1995）指出：“语法点的解释要尽可能结合练习，包括把词组成词组的练习，把词或词组组成句子的练习，把句子组成语段的练习，把语段组织成语篇的练习。”练习的设置，实质上是学生通过练习，检查自己对所学知道的应用程度。如果学生不用，或者练习题目达不到查漏补缺的作用，那么这种练习就失去了意义。罗婷（2015）指出在考察的几部教材中，“使”字句的练习也仅仅局限在选词填空上。因此，针对“使”字句的练习，不妨可以加入下面的几种形式。具体案例如下：

A. 完成句子，这种练习形式可以让学生结合语境，选择正确的字词完成句子。如：

（1）来到中国以后，我经常和中国朋友聊天，_____。（使）

（2）最近快要考试了，_____。（使）

B. 改写句子，这种练习形式是给出同义词或句式，再列出几个句子，学生根据句子的意思选择合适的答案改写。如：

使/让

（1）因为最近一直下雪，所以高速公路上多次发生了交通事故。

（2）小李生病了，公司安排他的同事去国外出差。

（3）看到了考试通过的消息，我们都感到很开心。

C. 判断正误，该练习是列出几个错误的句子，让学生判断句子对错，并要求改正错句。如：

（1）老师使我们完成这个作业。（ ）

（2）他使杯子打破了。（ ）

（3）为了把汉语水平有所提高，我专门来到中国学习汉语。（ ）（罗婷2015：40）

此外，在“使”字句教学中，要把机械练习、有意义性练习和交际性练习结合起来。这几种练习形式是相辅相成的，逐步积累的一个过程，体现了由句式的操练到交际的过程。机械练习是基础，通过机械练习，让学生掌握基本句式，才能为下面的有意义性练习打下基础。如果教师过早的让学生进行交际练习，学生肯定会错误百出。但练习一定不能只停留在机械练习上，还要进行有意义性练习，在有意义性练习中使语言的能力逐步深入。只进行一般有意义性的活用练习是不够的，还必须进行交际性练习，这样就一步一步地把语言练习推向语言交际，达到了汉语教学的最终目的。

（四）加强对比分析

在对外汉语语法教学实践中，仅仅把目光注视于汉语语法本身是远远不够的。从事一线教学的汉语教师不仅要充分认识汉语语法结构系统的特点和规律，也要充分认识外国学生汉语语法学习的特点和规律，加强汉外语法对比研究才能提高语法教学的针对性和科学性。因此在教学中应该加强汉语与学生母语的比较研究。

学习者在学习第二语言的过程中如果遇到与母语相似的语法项目，学习起来就会容易；相反，如果二语和自己的母语差别太大，往往使学生比较吃力；如果一个语法项目在两种语言中都存在，但是又并不完全相同，存在细微差异，对学习者来说就更不容易学了。“使”字句就是其中的第二种情况。这要求教师重视汉语与学生母语的比较，老师如果对两种语言进行比较，就知道真正的难点所在，进而确定教学重点，做好充足的准备，就能更有效地进行教学。

以英语和汉语的对比为例，教师可在课堂上同时写出同一句意的英汉两种表达，才能有意识地引导学生掌握语言规律对比的知识，送样才有利于学习者充分了解母语及目的语的异同，从而减少偏误的产生。对外汉语教师不能忽视了对比分析方法的作用，比较两种或多种语言的异同，列出两者之间明显不同之处，就更为清晰明了地抓住学习的重难点了，这也会为攻克难点打下坚实的基础。王喜元（2014）举例到以英语为母语的留学生就会产生像“*我使妈妈感到幸福，通过赞美她很美丽。”这样的偏误句。因为在英语中信息量大、用词较多的部分一般是放在句子的末尾，避免头重脚轻，从而使句式结构平衡。在现代汉语表达中，按照动作发生的时间顺序原则排序或者按照事物发展的顺序，先有因后有果，所以把原因置前，把结果置后。所以在进行“使”字句教学的过程中教师应该对比分析学生母语与汉语的差别和相似之处，尽可能地减少因母语负迁移而产生的偏误。

（五）重视语境教学

“使”字句的结构、用法复杂多样，只有置之于具体的言语情景中，才能体现这一独特句式的真正意义，教师要尽量营造一个自然宽松的语言环境，让学生在生动的情景下自然轻松地学好“使”字句。在课堂教学中，教师在向学生阐明“使”字句所包含的确切的语义内容后，还应尽可能地揭示这一形式内在的语用规律。从留学生“使”字句的偏误类型统计上可以看出，对“使”字句的语义和语用环境的表达有很重要的意义。从具体的“使”字句教学实践来看，为了说明“使”字句的语义，突出某种事件引起某个结果，教师可以在教学中设置一定的语境引导学生对“使”字句结构有正确认识。罗婷（2015）提供案例如下：

老师：学好汉语有什么方法？

学生：看中国电影、交中国朋友……

老师：为什么？和中国人聊天对汉语学习有帮助吗？

学生：有，可以提高我们的汉语水平。

老师：对，和中国人聊天可以使我们的汉语水平提高。（罗婷 2015：42）

李杨（1994）有如下论述：“这种有意设定的语言环境不仅使语言训练变得接近真实，能增进学习兴趣，而且它本身就是一种限制条件，有助于学习者按规定语境来使用词语完成句子。”总之，在汉语教学过程中，教师要精心设计课堂，多让学生参加一些有助于汉语习得的活动。“使”字句习得并不是个简单的知识点，因为表致使义的句子灵活多样，具体动词的选择也并不都是有章可循的，什么时候用“使”，什么时候用“让”，也并没有严格的区分，学生的汉语语感就显得尤为重要。

（六）重视同义句式的比较

赵金铭（2004）指出：“汉语语法系统中存在着大量的在句法、语义或语用上既相互联系又相互区别的语法项目，比如话语中的同义句式就是其中的一个难题。某些同义句式对汉语母语者来说是习焉不察的完全自动化的过程，但是对留学生来说是非常艰难的语言学习过程，只有对这些相关语法项目、同义句式的系统比较，真正找出它们之间的联系和区别，才能解决留学生汉语语法学习中的实际难题。”

在“使”字句教学中，大多数老师采取机械模仿、重复操练的教学方法，可是不同的学生他们的知识水平有局限性，他们不能完全准确理解各种不同的语义，比如“让”“使”“叫”等。所以要完全掌握好这一类句式，对于他们而言，其实还是有一定的困难。每当使用的时候，总会发生一些细微的错误。这些句式有基本相似的语法结构，但是在语义方面还是存在些许细小的差异。对外汉语教师要通过分析各自的语义特征，使学生分清楚它们的区别和运用条件，在不同的情况下该选择哪种句式，不同的语用条件下会有不同的句式选择。“让”“叫”“令”这一类使令动词与“使”的异同点要以简洁有效的方式表现出来，使学生懂得在不同语境下选择更正确地道的表达方式。

尽管"使"字句对外汉语教学取得一定的成绩，但一些根本问题仍未解决。黄姝（2011）指出目前对外汉语教材当中对"使"字句虽然有所论述，但都只是将"使、让、叫、请、令"等作为一个知识点做出笼统说明，而对于它们的具体使用却没有给出让人信服的解释，缺乏实际操作性，也增加了汉语教师教学的难度。"使"字是国家汉办汉语水平考试部于1996年颁布的《汉语水平等级标准与语法等级大纲》中的甲级词汇，应是重点掌握的，但从现行的两个权威的教学大纲：《对外汉语教学初级阶段教学大纲》和《高等学校外国学生汉语言专业教学大纲》中，没有专门设置"使"字句这一语法点，只是指出"使"是表示使令的兼语句中的第一个动词。这种情况与留学生"使"字句使用情况是不相符的，因此加强汉语相关特殊句式的规范化研究还要引起重视，也是亟待解决的问题。

参考文献

[1] 佟慧君:《外国人学汉语病句分析》，北京语言学院出版社1986年版。

[2] 朱德熙:《语法讲义》，商务印书馆1980年版。

[3] 吕叔湘:《中国文法要略》，商务印书馆1982年版。

[4] 丁声树等:《现代汉语语法讲话》，商务印书馆1961年版。

[5] 吕叔湘:《现代汉语八百词》，商务印书馆1996年版。

[6] 吕必松:《关于语言教学的若干问题》,《语言教学与研究》1995年第4期。

[7] 赵冰波:《论"使"字的介词词性》,《河南教育学院学报》1994年第1期。

[8] 车竞:《论"使"的词性》,《沈阳师范学院学报（社会科学版）》1998年第2期。

[9] 宛新政:《现代汉语致使句研究》，浙江大学出版社2005年版。

[10] 范晓:《三个平面的语法观》，北京语言学院出版社1996年版。

[11] 邢欣:《观代汉语兼语式》，北京广播学院出版社2004年版。

［12］黎锦熙:《新著国语文法》，商务印书馆 1924 年版。

［13］胡裕树:《现代汉语（增订版）》，上海教育出版社 1995 年版。

［14］李大忠:《外国人学汉语语法偏误分析》，北京语言大学出版社 1996 年版。

［15］邓守信:《汉语使成式的语义》，《国外语言学》1991 年第 3 期。

［16］刘忠华:《浅谈现代汉语“使”字句的特点》，《延安教育学院学报》2002 年第 4 期。

［17］施文志:《“使”字句的结构研究》，《云南师范大学学报》2001 年第 5 期。

［18］李临定:《现代汉语句型》，商务印书馆 1986 年版。

［19］文婧:《面向对外汉语教学的“使”字句研究》，《湖南师范大学硕士论文》2012 年。

［20］黄姝:《面向对外汉语教学的现代汉语“使”字句研究》，《南京林业大学硕士论文》2011 年。

［21］袁洋:《针对中级汉语水平留学生的“使”字句教学实验研究》，《广东外语外贸大学硕士论文》2015 年。

［22］程美珍:《汉语病句辨析九百例》，华语教学出版社 1997 年版。

［23］李大忠:《“使”字句兼语句偏误分析》，《世界汉语教学》1996 年第 1 期。

［24］张伯江:《从施受关系到句式语义》，商务印书馆 2009 年版。

［25］刘珣:《对外汉语教育学引论》，北京语言大学出版社 2000 年版。

［26］邢福义:《论意会主语“使”字句》，《江汉语言学丛刊》1979 年第 17 期。

［27］赵金铭:《对外汉语教学概论》，商务印书馆 2004 年版。

［28］王喜元:《外国学生“使”字句习得偏误分析及教学对策》，《湖南师范大学硕士论文》2014 年。

［29］范晓:《论致使结构 . 语法研究和探索（十）》，商务印书馆 2000 年版。

［30］赵金铭等:《基于中介语语料库的汉语句法研究》，北京大学出版社

2008 年版。

[31] 吴中伟:《怎样教语法——语法教学理论与实践》，华东师范大学出版社 2007 年版。

[32] 陈昌来:《论现代汉语的致使结构》,《井冈山师范学院学报》2001 年第 3 期。

[33] 常辉:《母语为英语的留学生汉语致使结构的习得研究》,《世界汉语教学》2011 年第 1 期。

[34] 邵敬敏、赵春利:《“致使把字句”和“省隐被字句”及其语用解释》,《汉语学习》2005 年第 4 期。

[35] 贺晓玲:《两种表致使义句式的异同考察——“使”字句和“把”字句》,《暨南大学硕士论文》2001 年。

[36] 黄月圆、杨素英、高立群、张旺熹、崔希亮:《汉语作为第二语言“被”字句习得的考察》,《世界汉语教学》2007 年第 2 期。

[37] 郭燕妮:《致使义把字句的句法语义语用分析》,《汉语学报》2008 年第 1 期。

[38] 程琪龙:《致使概念语义结构的认知研究》,《现代汉语》2001 年第 2 期。

[39] 郭姝慧:《“使”字句的成句条件》,《语文研究》2004 年第 2 期。

[40] 罗婷:《留学生汉语“使”字句的习得偏误分析》,《陕西师范大学硕士论文》2015 年。

[41] 刘颂浩:《对外汉语教学中练习的目的、方法和编写原则》,《世界汉语教学》2009 年第 1 期。

[42] 张静:《新编现代汉语》，上海教育出版社 1980 年版。

[43] 吴毓耕:《留学生习得“使”字句时的常见偏误分析》,《吉林大学硕士论文》2015 年。

[44] 车竞:《“使”字句的语用分析》,《辽宁教育学院学报》1996 年第 3 期。

[45] 王振来、苏莹莹:《现代汉语致使义表达研究》,《辽宁师范大学学报》2012 年第 1 期。

［46］吕文华:《对外汉语教学语法探索》，语文出版社 1994 年版。

［47］吕文华:《对外汉语教学语法体系研究》，北京语言文化大学出版社 1999 年版。

［48］《汉语水平等级标准和等级大纲（试行）》，北京语言学院出版社 1998 年版。

［49］王还:《对外汉语教学语法大纲》，北京语言学院出版社 1995 年版。

［50］国家对外汉语教学领导小组办公室:《高等学校外国留学生汉语言专业教学大纲》，北京语言大学出版社 2002 年版。

第四讲

“让”字句

“让”字句一直是对外汉语教学中的难点，也是很多外国留学生容易发生偏误的地方。因此有很多中国学者将“让”字句作为其重点研究的课题，通过对以往研究文献的搜集和整理，我们发现在以往的研究文献中有关“让”字句的研究主要三种，即对“让”字句的分类研究；对不同语义“让”字句的研究；对“让”字句对外汉语教学的研究。

一、“让”字句的语法特征

在周玉琨（1999）的《“让”字句的初步考察》一文中从句法、语义、语用三个方面出发，将“让”字句分为“让”作为动词时的一般“让”字句，表使令意义的“让”字句，表被动意义的“让”字句以及歧义“让”字句。而曹冬雪（2009）根据“让”字句的语义特征，将其分为致使义和容许义。文中对致使义和容许义的“让”字句进行了对比分析。通过以上研究结合对外汉语教学实际我们可以将“让”字句分为三类，即致使义、使令义、被动义。下面我们将分别考察这三类“让”字句的研究现状。基本格式可以表示为N1+ 让 +N2+V2。

（一）致使义“让”字句

致使是人类语言中普遍存在的句法语义范畴，也是语法研究中的热点话题之一。“让”是现代汉语表达致使语义的一个典型动词，跟“使、叫、令”同属一类，都表达纯致使语义。过去研究中多以“使”作为这些词的代表，对“让”的研究相对较少。跟“使”相比，“让”的用法更为丰富，既有自己的独特个性，又可反映出语言中致使范畴表达的某些普遍规律。通过对致使义“让”字句的考察，详细展示“让”字句的句法、语义特点，可以深化对汉语致使范畴表达的认识。范晓（1995）对“致使”的定义为：“致使主体对使体（致使客体）的作用或影响（导致某使体发生某种情状）”，认为致使结构一般由两个动核结构，即事件S1和事件S2组成。他将致使结构分为致使A、致使、使体B、结果体C四个具体组成部分，概括起来即“A致使B产生C”。李临定（1986）指出“尽管‘让’‘叫’和‘使’都有致使义，但是侧重方面则有所不同：前者侧重于人，后者则侧重于事件；前者经常表示某人致使了某种动作，后者则总是表示由于某个事件而引起了什么结果；前者常和人的主观意志相联系，后者则不和人的主观意志相联系。”

邢欣（2004）指出：“兼语式是汉语的一种特色句式，‘使、让、叫、令’常被视为兼语动词中最重要的一类，是‘兼语式存在的基础动词’。”我们发现，“让”字句等句式与其他使令动词构成的兼语式相比，在语义和语法方面都有较大的差异。因此，对“让”字句的深入考察，揭示致使义“让”字句内部生成机制，有助于深化对汉语兼语式的认识。“让”用法多样，语义复杂，对于本身没有汉语语感的外国学生来说，分化这些不同语义和用法有一定的难度。从句法、语义、语用等各层面对致使义“让”字句进行详细考察，总结其使用规律，也可为对外汉语教学提供借鉴，具有一定的实践意义和应用价值。

表义一：致使义

基本公式：主语1+ 让 + 主语2+ 谓语

这个请求	大家	很为难
他的工作	父母	很着急
你这样说他	他	面子过不去
什么事	你	吓成这样

曹冬雪（2009）的《“让”字句的语义特征》一文中提到让字句是兼语句的一种，而“兼语句是由一个动宾短语和一个主谓短语连接整合在一起构成的特殊句式。”基本格式可以表示为N1+ 让 +N2+V2。表致使义的“让”字句就是N1致使N2出现了V2的结果，而N1是在非主观因素下导致N2出现V2的结果。因此在表致使义的“让”字句中词义已经虚化，其承担的往往是语法作用。

（1）这次中标让他的公司名声显赫。

（2）投资的失败让他对眼前的一切事物充满绝望。

（3）他这样自暴自弃让我更加痛苦。

例如在例（1）中“这次中标”是致事成分，而“他的公司”是使事成分，“名声显赫”是致使结果。虽然是“中标”导致“他的公司”出现了“名声显赫”这样的结果。但是“中标”并不是有意识地导致“他的公司”名声显赫。而“让”在这里的词义已经虚化。这一点在例（3）中更加明显，“他这样自暴自弃”是在非主观因素的情况下出现的，“他这样自暴自弃”并不是为了让“我”更加痛苦，但是“他这样自暴自弃”却是导致“我”“更加痛苦”的致事因。

（二）使令义“让”字句

第二，表使令义“让”字句。汉语里，“叫”和“让”有很多意思，有相同的也有不同的。HSK 考试中一般不考察学生对它们的比较，因为它们表义相同时其句法规则也是相同的，没有明显的差异。考试中常常考的是它们相同的表义，学生要记住这些意思，并且学会选择和使用，特别是能够辨析与之有相同表义功能的其他词语。胡云晚（2002）认为在致使句中“使”只有“派遣”和“促使、迫使、致使”的语义，而“让”除了这两者之外，还有“要求”“容许”“给”“表示某种愿望或号召”四种含义。曹冬雪（2009）认为使令义“让”字句的句式义是：表示 N1 有一个愿望，希望 N2 做某事，带有主观目的性、意愿性。具体说，N1 是意愿的发出者，N2 是意愿的执行者（接受者）。大主语 N1 是有理性的、有明确目的的自动行为者，具有典型的施事特征，因此 N1 是“让”字句的施事。但 N1 只是发出意愿的指令，希望 N2 做某事，行为要靠 N2 来完成，因此，N1 缺乏实施性。N2 对 N1 发出的指令，可能听从也可能不听从，所以说 N1 又缺乏可控性。

大部分学者认为，表“使令义”的“让”字句和表“致使义”的“让”字句最大的不同就是表“使令义”的“让”字句中往往有命令、要求这样的含义，是 N1 有意识地让 N2 产生 V2 的结果，而在表“致使义”的“让”字句中，N1 是无意识的让 N2 产生 V2 的结果。表“使令义”的“让”字句中，N1 发出命令或要求的一方面，由于 N1 的这种命令和要求让 N2 做出 V2 的动作。陈长虹（2011）认为表致使义的“让”字句在意义上与“使”字句、“令”字句比较接近，与后两种句式相比，最大的不同在于“让”的主观性很强，而“使”“令”句相对较为客观。这一特点从它们受副词“故意”“有意”、否定副词“别”“不必”等修饰情况的不同可以得到佐证，通过对“让”和“使”后面主要动词相同的句子进行的对比也可以明显看出。

在表“使令义”的让字句中，“让”常常是充当动词来使用，表达的是命令、要求的动作语义，而在表“致使义”的让字句中“让”字的语义是被虚化的。“让”用来表示动作者通过命令、指使、劝说等动作让别人做某个动作。相当于英语中的“ask”。

表义二：使令义

基本公式：主语1+让+主语2+动词性短语

女朋友	我	给她买礼物
妈妈	玛丽	把衣服洗干净
谁	你	这么做的
老师	我们	安静一下

（三）被动义“让”字句

在表致使义和表使令义的“让”字句中，都是由N1使N2出现了V2的结果。但是在表被动义的“让”字句中，情况正好相反，是由于N2的作用而使得N1出现了V2的结果。也就是说，在表被动义的“让”字句中，N1是被动的。在表被动义的“让”字句中，“让”字的词义不同于表致使义和表使令义的“让”字句，表被动义“让”字句中的“让”字词义已经虚化，一般情况下，“让”字可以用“被”字代替。表示N1是在被动的情况下出现了V2的结果。表被动义的“让”字句往往更加口语化。

陈力（2002）《“被”和“让”表被动的句法语义对立及其功能解释》一文中认为句子中所表达的时间是已经发生的还是还没有发生的是决定“让”字句表被动义和使令义的关键。祁文娟（2013）《现代汉语普通话被动句的主观性分析》一文中认为“让”字被动句受其基本语义“使令”“容任”的影响，在整个事件时是从施事的角度来诠释的，被动事件对于施事是一种意念行为，客观情况为施事创造了某种条件受受事的一方“容任”施事这对自己施加某一行为。

与另外三种“让”字句不同，表被动义的“让”字句中，N1 不是“让”字的主要作用力，而是被动的接受者，因此在表被动义的“让”字句中，N1 的构成较为复杂，即可以是名词、名词性短语，代词或代词性短语，也可以是动宾结构、短句。而当说话者和听话人都明确的知道 N1 的所指时，N1 也可以省略。

表义三：被动义

基本公式：宾语 + 让 + 主语 + 谓语动词 + 其他

钱包	小偷	偷	走了
他	车	撞	倒了

“让”与“被”的辨析：

“让”多用于口语，与“被”不同的是，“被”后面的施事可以省略，而“让”后的施事一定要出现。如：

他被打了。

* 他让打了。

在表被动义的“让”字句中，N1 主要是有名词、代词、动宾结构、短句来充当，当说话者和听话人都明确 N1 的所指时，N1 也可以被省略。由于在表被动义的“让”字句中，N2 是主要作用者，因此在表被动义的“让”字句中 N2 主要是由指人的名词或代词，指物的名词和代词构成，N2 作为主要作用者不可以省略，否则就是语义不清。而在表被动义的“让”字句中“让”字的语义被虚化，V2 往往是指 N2 多施加的作用力，并且充当句子中主要谓语成分，因此主要是动词、动词短语或把字结构的短语，不可以是形容词。

二、“让”字句的偏误分析

关于“让”字句偏误分析、二语习得方面的研究成果还比较少，李大忠

《“使”字兼语句偏误分析》(1996)重点分析了“使”字兼语句，并讨论了二语习得者在使用“使”字兼语句时的偏误，在进行偏误分析的过程中时，分别对“让”字句和“使”字句之间的差异进行了详细的分析。周文华《“让”字句功能分析与习得研究》(2007)研究分析“让”字句的四种下位表义句式，并在对“让”字句四种下位句式进行了分类和语法语义特征重点描写为基本条件下，对外国人习得“让”字句和使用“让”字句的具体情况进行研究，然后对“让”字句的偏误用例进行分析，并分析偏误的类型和成因，提出“让”字句教学的重点和教学设置的建议。

近几年来，随着汉语国际教育的蓬勃发展，与对外汉语教学实践紧密联系的研究成果也比较丰富，其中也不乏比较好的关于“让”字句对外汉语教学的硕士论文。如周文华的《“让”字句功能分析与习得研究》(2016)在分析“让”字句句法语义的基础上，对外国学生习得四种“让”字句的正确用例及偏误用例进行了分析和归纳。分析外国学生偏误用例的类型和成因，提出“让”字句教学的重点。统计外国学生正确用例的频率，并与本族人使用“让”字句的情况进行比对，得出了四种不同“让”字句的习得顺序。最后，结合大纲和教材中“让”字句的设置情况，对“让”字句的教学顺序提出建议。陈长虹的《现代汉语“使”、“令”、“让”字句比较研究》(2011)以认知语言学、语义学理论的角度为基础，通过分析外国学生的偏误，从语用、语义、句法三个角度分别对“让”字句、“令”字句、“使”字句三种句式之间的区别进行了分析，并结合对外汉语教学进行偏误分析，对教学方法、教材等提出了建设性的意见和建议。郭亚飞的《留学生“让”字句习得偏误及对外教学策略研究》(2016)结合“使、让”字句的研究，考察归类五种常用“让”字句句式及其构件范围，然后在句式考察的基础上，对 HSK 动态作文语料库中的“让”字句用例进行偏误分析，总结出成分遗漏残缺、多余杂糅、错序、复合偏误四种类型。根据偏误的情况，分析造成偏误的主观原因。最后提出教学建议。马玲的《对外汉语教学“让”字句的语法研究及偏误分析》(2016)通过对“让”的词性、各部分在语法中成分和意义的角度进行分析以及对汉语教材和留学生偏误的类型总结整理，得出原因，形成体系。

“让”字句虽同属于兼语句和被动句中，但并非是最典型的句式，难免在第二语言习得的过程当中会产生一定的偏误和回避使用的情况。本部分对留学生习得“让”字句的使用情况以及使用时所出现的偏误作为研究内容，在前人研究成果借鉴的基础上，结合对外汉语课堂教学中的实际情况，有目的性地研究和分析留学生在习得“让”字句过程中存在的问题情况，结合具体例句找出产生偏误的原因并提出相对应的教学对策。希望能够在提出问题、分析问题的基础上，使得留学生正确掌握和使用“让”在各句中的词性及用法，对对外汉语课堂教学也能有一定的辅助作用。

（一）偏误类型

郭亚飞（2016）总结出成分遗漏残缺、多余杂糅、错序、复合偏误四种类型。这里我们从教学的角度简化为以下几种典型情况。

1. 否定词的位置

（1）爸爸让杰克不留在大连。

改正：爸爸不让杰克留在大连。

（2）我们让他没来。

改正：我们没让他来。

解析：在汉语里，否定形式的兼语句中，否定副词“没（有）”或“不”一般都要放在第一个谓语动词前面，而不放在兼语的谓语后面。这几个句子都是使令兼语句的否定式，由于强调的是主语1对主语2的命令，所以如果否定的话，也是对这个命令的否定，所以否定词的位置要放在“让”的前面，例（1）和例（2）应该改过来。

（3）安妮别让我把这个秘密说出去。

改正：安妮让我别把这个秘密说出去。

（4）爸爸别让我这次去，下次去。

改正：爸爸让我这次别去，下次去。

解析：对于例（3）和例（4）情况有些不一样，学生知道了前面两个例子中，否定副词要放在前面，所以这里也就自然地放在了前面。但这里的否定词是“别”，“别”是“不要”的意思，而这个“不要”的主语是主语 2，而不是主语 1，所以“别”的位置应该在后面的谓语动词前。如可以说“安妮让我不要把这个秘密说出去”，但不可以说“安妮不要让我把这个秘密说出去”。所以，例（3）和例（4）否定词“别”要放在后面的主语后谓语动词前。

2. 副词的位置

（1）老师常常让我们互相帮助。

改正：老师让我们常常互相帮助。

（2）上次老板让我去，这次他让我还去。

改正：上次老板让我去，这次他还让我去。

解析：在使令类兼语句中，副词的位置一般要放在主语 1 的后面，当然如果特别强调后面的谓语动词时，要放在主语 2 的后面。如：

（3）老师让我常常帮助他。

（4）妈妈让我常常给家里打电话。

这里的“常常”是指向主语 2“我”的。

（5）都十岁了，妈妈单独让我睡。

改正：都十岁了，妈妈让我单独睡。

（6）孙老师都让我们报名参加 HSK 考试。

改正：孙老师让我们都报名参加 HSK 考试。

解析：这两个句子和前两个不一样，这里的使令兼语句中的状语不是指向主语 1，而是指向主语 2。例（5）中“单独”不是说“妈妈”，而是“我”，所以要放在“我”的后面；例（6）中“都”指向“我们”，而不是“孙老师”，所以放在“我们”后面。

3. 能愿动词的位置

（1）你让他应该道歉。

改正：你应该让他道歉。

（2）你让他们愿意参加你的婚礼吗？

改正：你愿意让他们参加你的婚礼吗？

解析：兼语句中能愿动词一般要放在主语 1 的后面，而不是兼语后面。

4.“了”的位置

（1）我让了姐姐买一些好吃的。

改正：我让姐姐买了一些好吃的。

（2）我已经让了他跟我们一起吃饭。

改正：我已经让他跟我们一起吃饭了。

解析：兼语句中“了”要放在谓语动词后或句末，而不能放在“让”的后面，因为它们不是动词，是介词。

（二）偏误原因

塞林格归纳中介语产生原因包括五个方面：语言迁移、目的语规则的过度概括、训练造成的迁移、学习者的学习策略和交际策略。“让”字句产生偏误的原因主要有两个大方面：一方面是学习者内部的原因，包括了母语的负迁移，目的语的多方面影响包括目的语的泛化以及对所学习语言的环境、文化因素的理解及留学生的学习态度等；另一大方面是受外部因素的影响，例如教师的课堂讲授、工具书的释义、大纲和教材的编写、学生的语言学习环境等因素。下面我们从以下几个方面进行简要说明。

1.母语负迁移

马玲（2016）以英语为母语的留学生为例，英语中最基本的语序结构是主语 + 谓语 + 宾语 + 宾语补足语，这种结构被称 SVOC 结构，这种结构与汉语兼语结构具有相对应关系，有的翻译将“让”相当于英语中的“let”。因此有些以英语为母语的二语学习者在学习兼“让”字句时，容易直接将“让”字句生搬硬套，见到“让”就使用“let”。“让”在英语中并非只对应一个单词，需要留学生在第二语言学习中适度地运用母语，从而能够灵活地去运用各种类型的“让”字句。

2.目的语泛化

刘珣（2000）指出：“目的语泛化即目的语知识的负迁移，指学习者把他所学的有限的、不充分的目的语知识，用类推的办法不适当地套用在目的语新的语言现象上形成偏误。”由于“让”“使”“叫”都能构成兼语句，进入的格式相同，同时，三者的意思又有交叉，都可表示“致使义”，因此，中级阶段的外国留学生在使用时，常常把“让”“使”“叫”这三个词等同起来，造成偏误。郭亚飞（2016）指出：留学生在学习“让”字句之前，已经接触了“把”“被”字句。相同的句子结构类型 N1+V1+N2+V（谓），给留学生的学习带来了困扰。在他们不熟悉或者未完全掌握“让”字句结构的时，便容易混淆句式结构，错误关联句子成分，无法从意义上区别相似词组所包含的逻辑关系，出现一些句子的杂糅和误代的错误。文中提到的案例如下：

（5）所以，我认为使用化肥和农药的农产品被饥饿人民吃饱。

（6）人经常不嫌弃让别人被责备自己，所以常常愿意做没有责任的事。

（7）我差点儿把女儿碰上烟头，真可怕。

（8）我不能只谴责吸烟者，让他们吸烟的原因中，也有卖烟者、造烟者及政府的责任。

例（7）回避使用“让”字句。“把”字句和“让”字句都含有处置对象的含义，但是“把”字句是较早熟练掌握的常用句式，故而出现了误代的错误。（郭亚飞 2016：28）

三、“让”字句的教学对策

关于“让”字句教学对策方面的研究成果比较少。周文华（2016）认为外国学生由于交际的需要，在日常生活中也大量地使用“让”字句，但由于大纲和教材中的讲解很少，加之对“让”字的释义不合理，这导致了学生在使用中出现了大量的偏误。这些偏误类型多，覆盖面广，几乎占据了“让”字句从句式选择到构成成分等各个方面。因此我们认为在大纲和教材中应增加“让”字句的设置，并对“让”字句的各表义句式进行一个合理的分级和排序。郭亚飞（2016）从结构讲解、句式对比、句型归类三个方面提出“让”字句教学对策。马玲（2016）采用理论意义和实际意义相结合的原则对教师的教和学生的学以及教材的编排提出了合理的教学建议。

（一）强化教师基本功训练

由于教师、教材等方面对"让"的语法分析和应用处理得相对薄弱，不免对留学生的学习造成了疑惑和不解，不能清楚地掌握"让"在句子中所要表达的含义，就会出现弃之不用的现象。在进行各句辨析时，教师不能对它们进行深层次准确的分析，不向学生解释它们之间的语义、语法、语用方面的差别，只是传统地将知识点传授给学生，单纯依靠学生自己去学习，加上学生对汉语的文化又不十分了解，不知道在何种条件使用哪种标志性词语，才能表达准确，只会导致教师教得没有准确性和系统性。被动句中只用"被"表示，致使句中只用"使"表示的情况。这就要求教师应尽量将"被"、"使"与"让"区分式讲授与穿插式讲解相结合，只有在学生习得其基本的语法、语义和语用的基础上，才能够细分出它们之间存在的不同。曹冬雪（2010）指出在对外汉学教学时，应该采用对比教学法，重点比较"让"字句与"使"字句、"叫"字句的不同之处（特别是"使"字句），辅之以必要的练习突破难点，把句式义与结构特点结合起来进行教学。

赵金铭（1996）指出："对外汉语语法教学应分为三个不同的阶段，每个阶段教学主旨各有侧重：初级阶段只许教最基本的语法形式，使习得者具备区分正误的能力；中级阶段侧重语义语法的教学，使习得者具备区分语言形式异同的能力；高级阶段侧重语用功能的教学，使习得者具备区分语言形式之高下的能力。这是从语法教学的过程、体系的完整性方面综合考虑的。"由此，教师还需要在语法体系的整体上抓住"让"的语法重点。卢福波在《对外汉语教学语法研究》（2003）中提出"对外汉语教学语法要根据学习对象的特殊性及其实际的学习需要，根据与其母语相比较而显现的汉语独特地区分世界的范畴和语言特点，根据第二语言习得应该遵循的规律，确定语法体系、教学内容和教学方法"。

有的教师在课堂教学中常常使用语法翻译法，由于"让"本身义项较多，词性也较为抽象，老师会直接省略很多区别，将其直译为"ask; make; let"，再者教材中也是这样注释的，但这种释义并非通用于各处，例如"老师不让我跟他说话”就很容易翻译成“The teacher doesn’t ask me to talk to her.”或者“The teacher doesn’t make me to talk to her.”，而实际上这个句子的意思是“老师不允许我跟她说话”，因此需要教师在解释时应适当尽量地不去使用英文释义，可以避免习得者对直接翻译的学习方法产生依赖。

陈长虹（2011）认为使令义“让”字句在人们交际中使用率很高，因而应在“表使令意义的兼语句”这一语法点之后设置“让”字句。在教学方法上可采用直接陈述变间接陈述的方式。具体案例如下：

（19）老师：“王明，下课后你到我办公室来。”

→老师让王明下课后到他办公室去。

（20）妈妈：“小玉，把门关上。”

→妈妈让小玉把门关上。（陈长虹 2011：50）

（二）重视大纲教材的编写

李大忠（1996）指出词典和教材中的解释不规范对于外国留学生出现致使偏误有一定程度上的关系，认为对外汉语教学的教材中加大分析句成句条件对对外汉语教学能够起到促进的作用。《汉语水平等级标准与语法等级大纲》（1996 年版）中兼语句被列入甲级语法大纲的“几种特殊句型”中，共分为四类，“表使令意义的兼语句”被列为第一类。语法大纲中并没有单独设置“使”字句、“令”字句或“让”字句，只给出了“让”表示“表使令意义”的用法。《中国汉语水平考试大纲（初、中等）》常用词汇表中出现了“使”和“让”，“令”没有出现。

郭亚飞（2016）重点提到了《高等学校外国学生汉语言专业教学大纲》（国家对外汉语教学领导小组办公室编写，北京语言大学出版社出版）。郭文通过对大纲列表分析发现“让”字句的设置存在三个明显的问题：首先它们都没有专门设置“让”字句和“使”字句。表达使令义“请、让、叫、使”放在一起，语义互释。其次，对于“让”字的语义注解不够全面，“致使、容许、使令、被动义”有所提及但是不系统、不清晰。最后，大纲中没有列出表示愿望、号召和鼓励义。另外，对于“使、让”句，只是把“让、使”作为表使令（指使）兼语句中的第一个动词加以说明，且没有说明“让、使”在用法上的区别。

学生首次习得的是使令义的“让”字句，因此留学生在此类句型的掌握和使用也是比较准确的。《汉语教程》中，“使”字句出现在较为靠后的课文中，而且在词语释义上用“让”来解释“使”，因此留学生使用致使义“让”字句的频率要高于“使”字句。《汉语教程》虽然对“被”“让”字句在一句式结构中进行了较为具体的解释与讲解，但也正是因为这种同时出现两种标志性词语，难免会造成留学生避重就轻，选择有标志性的“被”字句。由此，也可以推断出第二语言习得者在学习被动“让”时，会在一定意义上增加了难度和接受性，因为受到了之前习得并且使用频率较高的使令动词“让”的影响。

尽管外国学生将“使”“令”“让”字句混淆的现象比较普遍，在对外汉语教材中，此类兼语句出现频率也不低，但对它们的讲解却很少甚至没有涉及。陈长虹（2011）对于这个问题提出自己非常独到的见解，值得同行借鉴。陈文提到，从我们对外国学生与“使”“令”“让”字有关的偏误分析和对外汉语教材对“使”字句、“令”字句和“让”字句的处理看，目前的教材与教学安排尚存在很多不足之处。我们建议应该单独设置“使”字句、“令”字句、“让”字句为语法点。并按“让”字语义的不同，增设表示使令义的“让”字句和表示容许义的“让”字句。到了学生学过这三类句式之后，进行一定的辨析教学，并利用练习加以巩固。

（三）帮助习得者克服学习障碍

“使”“令”“让”三个词都可以进入“N1+V1（使／令／让）+N2+V2”结构，构成兼语句，表示“使令”或“致使”义。由于所进入的句式结构相同，在语义及语用上又有相近处，外国学生在习得过程中极易混淆，出现偏误较多。所以对他们的习得产生很大的心理障碍，往往采用回避的教学策略，久而久之，出现恶性循环。马玲（2016）指出，针对这种情况，我们要帮助习得者积极地克服认知、情感、心理等引起的学习障碍。习得者要主动学习，主动请教老师，主动能够将语法点在日常生活中应用，去和周围的中国人或者外国留学生多交流，培养自己的语感，不要有担心害怕出现错误会被嘲笑的心理。也可结合留学生出现的偏误、错误的例句进行总结，既可避免出现较多的错误，也可以整理学习多少种语法体系，了解其语义、语法和语用，能更好地在日常生活中运用第二语言。

对外汉语教师要面对来自不同国家的学习者，要重视学习者的差异，并且根据不同学习者的情况因材施教。对自己要讲的内容了然于胸，深入浅出，形式多样，态度温和，让学习者由衷地想要跟教师有亲近感，激发他们的学习热情。此外，对外汉语教师一定要重视个人的内在修养，和蔼亲切的态度会收获学生的好感，在学习者心中建立良好的形象。在以后的教学中，会更顺利地开展教学活动，降低学生的焦虑感，营造更加和谐友好的课堂氛围。

根据学习者情况应对对外汉语中“让”字句的教学，我们也可以利用较为先进的多媒体技术，展示对外汉语课堂的魅力来营造浓郁的学习氛围，使得学生能更好地掌握理论知识并应用于实践当中。

参考文献

［1］周玉琨:《“让”字句的初步考察》,《语文学刊》1999 年第 1 期。

［2］李临定:《现代汉语句型》，商务印书馆 1986 年版。

［3］丁声树:《现代汉语语法讲话》，商务印书馆 1961 年版。

［4］国家对外汉语小组办公室:《高等学校外国留学生汉语长期进修教学大纲》，北京语言大学出版社 2002 年版。

［5］吕叔湘:《现代汉语八百词》，商务印书馆 1980 年版。

［6］卢福波:《对外汉语教学语法的层级划分与项目排序问题》,《汉语学习》2003 年第 2 期。

［7］刘月华:《实用现代汉语语法》，商务印书馆 2013 年版 。

［8］周一民:《北京话口语语法（词法卷）》，语文出版社 1998 年版。

［9］肖奚强:《韩国留学生汉语语法偏误分析》,《世界汉语教学》2000 年第 2 期。

［10］朱德熙:《语法讲义》，商务印书馆 2011 年版。

[11] 朱德熙:《现代汉语语法研究》,商务印书馆 1980 年版。

[12] 胡壮麟:《语法化研究的若干问题》,《现代外语》2003 年第 1 期。

[13] 赵元任:《汉语口语语法》,商务印书馆 1979 年版。

[14] 范晓:《论“致使”结构 · 语法研究和探索》,商务印书馆 2000 年版。

[15] 朴相植:《现代汉语“让”字句研究》,《北京师范大学硕士论文》2009 年。

[16] 陈小英:《带兼语的“使”与“让”之比较研究》,《广西社会科学》2005 年第 2 期。

[17] 郭玲:《使动结构“X+ 让 +Y+VP”的语法特点和语义类型研究》,《上海师范大学硕士论文》2009 年。

[18] 项开喜:《使成兼表被动现象的多角度考察》,《世界汉语教学》2011 年第 3 期。

[19] 章家谊:《“让”字句歧义分析》,《语文学刊》2008 年第 17 期。

[20] 陈善娟:《现代汉语特殊“谁让 +N+VP”句语义研究》,《现代语文(学术综合版)》2014 年第 5 期。

[21] 邓川林:《“让 / 叫”的主观性用法及扩展机制》,《语言教学研究》2012 年第 1 期。

[22] 柳英绿:《韩汉语被动句对比——韩国留学生“被”动句偏误分析》,《汉语学习》2000 年第 6 期。

[23] 周文华、肖奚强:《外国学生“让”字句习得研究》,《中国语文学志(韩国)》2006 年。

[24] 周文华:《“让”字句功能分析与习得研究》,《南京师范大学硕士论文》2007 年。

[25] 陈长虹:《现代汉语“使”、“令”、“让”字句比较研究》,《苏州大学硕士论文》2011 年。

[26] 文婧:《面向对外汉语教学的“使”字句研究》,《湖南师范大学硕士论文》2012 年。

[27] 曹东雪:《“让”字句的语义特征》,《昭通师范高等专科学校学报》

2009 年第 4 期。

［28］曹东雪:《“让”字句的偏误分析》,《文教资料》2010 年第 12 期。

［29］吴知根:《现代汉语“让”字句研究》,《上海师范大学硕士论文》2016 年。

［30］刘云:《北京话使役兼表被动现象研究——以“让”和“给”为个案》,《北京语言大学硕士论文》2006 年。

［31］刘叔新:《现代汉语被动句的范围和类别问题》,语文出版社 1987 年版。

［32］马文佳:《外国留学生兼语句学的研究及偏误分析》,《西北大学硕士论文》2011 年。

［33］屈哨兵:《现代汉语被动标记研究》,《华中师范大学硕士论文》2004 年。

［34］祁晓倩:《对外汉语视角中的被动句研究》,《厦门大学硕士论文》2008 年。

［35］郭亚飞:《留学生“让”字句习得偏误及对外教学策略研究》,《湖南师范大学硕士论文》2016 年。

［36］陈小英:《带兼语的“使”与“让”之比较》,《广西社会科学》2005 年第 2 期。

［37］汲传波:《被动句中的“被”、“让”的分析》,《喀什师范学院学报》2001 年第 1 期。

［38］马玲:《“让”字句的语法研究及偏误分析》,《辽宁师范大学硕士论文》2016 年。

［39］王功领:《现代汉语致使义“让”字句研究》,《安徽师范大学硕士论文》2013 年。

［40］梁国栋:《对蒙古国留学生汉语教学视野下的“让”字句习得偏误研究》,《语言文字修辞》2012 年第 1 期。

［41］姚肖莺:《汉语三种致使句的致使性等级考察》,《北京语言大学硕士论文》2005 年。

［42］陈凡:《基于中介语语料库的韩国留学生"让"字兼语句偏误分析》,《上海交通大学硕士论文》2015 年。

［43］李玉菲:《外国留学生兼语句运用的偏误分析》,《华东师范大学 硕士论文》2010 年。

［44］吴海霞:《新疆高校中亚留学生习得"让"字句的偏误分析——以新疆大学、新疆师范大学、新疆农业大学为例》,《高等教育》2015 年第 7 期。

［45］郭玲:《使动结构"X+ 让 +Y+VP"的句法特点》,《上海师范大学硕士论文》2009 年。

［46］胡云晚:《带兼语的"使"和"让"之比较研究》,《松辽学刊(人文社会科学版)》2002 年第 2 期。

［47］章家谊:《"让"语法化过程的个案分析》,《海外华文教育》2005 年第 4 期。

［48］李枫:《面向对外汉语教学的被动句教学研究》,《现代语文》2012 年第 12 期。

［49］张美兰:《近代汉语使役动词及其相关的句法、语义结构》,《清华大学学报(哲学社会科学版)》2006 年第 2 期。

［50］陈志宏:《韩中被动句分析性对比》,《延边大学硕士论文》2007 年。

第五讲

“由”字句

“由”字句是现代汉语中一个比较复杂而有特点的句式。由于它的使用频率不如其他常用句式高，汉语语法界对它的研究不够深入，目前主要是一些语法著作和词典的介绍和解释，讨论相关问题的论文屈指可数。吕叔湘（1980）将介词“由”的意思进行了详细的解释：“（1）引出施动者，跟名词组合。代表受动者的名词或在前作主语，或在动词后作宾语。如现在由老张介绍详细经过。（2）表示方式、原因或来源。如：原子核由质子和中子组成。（3）从。”本文所指的“由”字句是第一种表义。在《汉语水平等级标准和等级大纲中》“由”字被划分为乙级词汇，是留学生在学习过程中需要好好掌握的一个常用介词。

对外汉语学界对它的研究就更为少，对外汉语教材和大纲中几乎很少把它作为一个单独的句式列出来。其实，“由”字句在一定的条件下也可以引出施事表达被动，但与“被”字句等在很多方面存在一定的差异，如：“这件事由他负责”，留学生们在输出时经常误用为“这件事被他负责”。因此，全面地考察“由”字句的特征以及分析留学生使用偏误情况将为对外汉语教学将提供很大的裨益。

HSK考试中，常常把“把”“被”“叫”“让”还有“由”放在一起考察，我们把“这件事由我来处理”“钱由妈妈管”这样的句子叫“由字句”。其基本表义是“某事要谁来承担”。由于其在语法结构上与前面讲过的句式很像，但表义是不同的，留学生常常与其他句式相混，所以我们把它单独列一讲来讲解。

一、“由”字句的语法特征

目前，关于“由”字句的研究，无论是在理论的研究上还是教材大纲的处理上，都存在着问题。关于施事“由”字句的问题。施事“由”字句该不该纳入被动句，学术界仍然没有统一的答案。我们认为，在对外汉语的研究和教学中，有必要加深对“由”字句的研究，以便更好地指导对外汉语教学实践。

（一）“由”字句的语法结构

按照时间顺序，我们对“由”字句的本体研究进行梳理。最早对“由”字句进行研究的学者是王还（1980）在其书中将“由”字句和“被”字句进行了区分，并使人们注意到了“由”字句与“被”字句一样都是有自身特点的句式。龚千炎（1980）则在其研究中，把“由”字句和“归”字句划分为现代汉语受事主语句的第六种句型。吕文华（1985）认为：“现代汉语中，谓语动词前可用介词‘由’引出施事，我们把这种句子叫作‘由字’。”白筌（1998）也提出了他的观点，“由”字句是包含“由＋施事”的句子，“由＋施事”可以位于句中或句首。张谊生（2004）认为：“现代汉语中存在结构关系不同的两种‘由’字句：（1）受事＋由＋施事＋动词，即A式句。（2）由＋施事＋动词＋受事，即B式句。”王文娟（2006）认为目前对“由”字句的定义主要有两种观点：一种观点认为“由”字句专指介词“由”引出施事的句子，其中“由＋施事”可以位于句中，也可以位于句首；另一种观点认为“由”字句是介词“由”和“由”的宾语一起位于谓语中心语之前作状语的句子，其中“由”的宾语可以是包括施事在内的多种语义成分。李卫中（2007）主要研究了以介词“由”为标记的句式和介词框架，全面系统地研究了“由”字句的特征。他把由X位于句中的，即A+由X+B，称为常规格式的“由”字句，并把它分为前、中、后三段，考察它们的句法、语义、语用特征。刘乃仲和段兴臻（2011）对施事“由”字句的语义特征进行了研究。

王思（2012）选取国内外经典的对外汉语教材，包括《成功之路》《汉语教程》《新实用汉语课本》《发展汉语》《速成成语》《现代汉语高级教程》等，通过仔细考察“由”字句在这些教材中的安排，对其在教材中的分布进行了一个比较客观的描述，发现目前大部分教材只是列出了最常用的“由”字句，而且解释比较简单。

“由”字句的基本格式是：A+由X＋B。

基本公式 1：事物 + 由 + 人 +（来）动词

财务　　老张　　负责

这个班　　王老师　　管理

基本公式 2：由 + 人 +（来）+ 动词 + 事物

老张　　负责　财务

孙老师　　管理　这个班

基本公式 3：由 + 人 + 去 + 动词 + 事情

小王　去　办　这件事

公司　去　协调　他们的矛盾

（二）“由”字句的语义特征

在前人研究的成果上，我们对“由”字句的主要语义特征进行一下总结：

1. 从它的语义配价特征来看，施事“由”字句具有多价性。

2. 从它的语义情状特征来看，施事“由”字句的特征具有动作性和持续性。

3. 从它的语义义素特征来看，施事“由”字句的动作是由施事有意识、主动发出的。

4. “由”字句既可以表示未然事件，也可以表示已然事件。

5. 有一部分“由”字句是祈使句，表达了劝告、商量、请求等语气。“由”字句的主要语用价值是提取主题、凸显焦点，通常表示一种积极的意义。

朱其智（1994）对“由”字句进行了语篇分析，他将施事“由”字句的基本句型定义为主动式和被动式，并以话题的两种基本推进模式（平行式和链接式）为框架，研究了施事“由”字句的语篇条件。王文娟（2006）对“由”字句进行了较为全面的分析和描写。聂鸿英（2007）也对“由”“被”字句中的 N1、N2、V 以及它们的修饰、限制成分进行了对比分析，指出两种句式的异同。

（三）区分“由”字句和“被”字句

吕文华（1985）对施事“由”字句和“被”字句进行了对比，他认为“施事由字句中的受事可以位于动词后作宾语，而被字句中的受事一般位于句首作主语，由字句不能相当于被字句，而且它也不是被动句。”

1. 相同点

句首词语是动作的接受者，与动词构成“受事—动作”关系；“被”和“由”后面的词语是“施事”，与动作构成“施事—动作”关系。如：“钱包被小偷偷走了”（小偷偷走了钱包）；“财务由老张负责”（老张负责财务）。

2. 不同点

（1）表义重心不一样。被字句更强调受事遭受怎样的结果，所以表义重心在动词性结构上。而由字句强调受事谁来承担，表义重心在“由”后面的“人”上。

（2）被字句中“被”后的名词性成分可以省略，而由字句中“由”后的“人”不可以省略。* 财务由负责。

（3）谓语动词不一样。被字句谓语动词有附加成分（宾语、状语、补语），表示结果。而由字句谓语动词一般是单独使用的，没有其他附加成分。如：

财务由老张管理。* 财务被老张管理。

财务被老张管理得井井有条。* 财务由老张管理得井井有条。

由字句的动词都带有【+ 承担】义。常见的动词有：承担、负责、管理、介绍、解释、完成等。

二、“由”字句的偏误分析

尽管越来越多的学者开始关注对外汉语语法教学，但关于“由”字句习得过程中的偏误类型的研究目前还非常少。留学生在日常学习中不能正确地使用“由”字句，不了解它的特点，更不能明确区分“由”字句与“被”字句、“是……的”字句，进而产生各种各样的偏误情况。王振来、侯盼盼（2012）针对“由”字句的构句特点，对留学生在“由”字句中的偏误进行分析。王思（2012）的《基于对外汉语教学的“由”字句研究》认为“由”字句的偏误主要分为遗漏偏误、语序偏误、标记误用偏误以及其他的偏误。遗漏偏误包括主语、谓语、状语等的偏误。语序偏误是由于句子中的某个或某几个成分放错了位置而造成的偏误。标记误用偏误，文章主要是考察“由”与“被”“归”“是……的”这几个标记的误用情况。

（一）经典案例解析

我们结合自己的实际教学经验，对案例问题进行分析，让学生能更好地理解与接受。

（1）这个孩子从小就倔强，A 父母不 B 他做什么，C 他就 D 做什么。（让）

解析：根据句子的意思，这里“让”的意思是“要求”，“让”的后面应该接表示人的宾语，所以答案是 B。

（2）妈妈 A 让我 B 明天 C 从学校 D 赶回来，因为爸爸病得很重。（就）

解析：很多学生受到了把字句的影响，把副词“就”放在了“让”的前面。这里的“就”表示的是时间早，要放在时间词语的后面，如“八点就回来”。所以答案是 C。

（3）大家听了他的话，A 都 B 惊得 C 出了 D 一身冷汗。（被）

解析：“被”要放在动词前，所以答案是 A 或 B，按照被字句语序规则，副词一般要放在被的前面，所以答案是 B。

（4）不是我不想告诉你，A 是你妈妈 B 让我 C 马上 D 告诉你。（不）

解析：让字句的否定形式是在“让”的前面否定，所以答案是 B。

（5）无论我怎么求他，他 A 都 B 愿意 C 让我 D 参加他的婚礼。（不）

解析：“不”要放在让的前面，表示否定，所以排除 D。根据句子的意思，“不”指向“愿意”，是“不愿意让我”的意思，所以答案是 B。

（6）那些鲜花都（　）。

A. 把人踩倒了　　B. 被人踩得倒了　　C. 让人踩倒了　　D. 叫踩倒了

解析：首先排除 A。很多学生选择 B。B 的问题是“踩得倒了”，“倒”在这里是结果补语，而结果补语不需要“得”引出，直接在动词后接结果补语。所以应该说“踩倒了”。而“叫”表示被动句时，后面的宾语不可以省略，所以答案是 C。

（7）我们都长大了，不能总（　　）父母为我们担心。

A. 由　　B. 被　　C. 让　　D. 把

解析：根据句子的意思，排除“把”和“被”。“由”后面的动词不能是形容词或心理动词，这里要表达的意思是“致使”，所以应该选择 C，“让”具有“使”的意思。

（8）临近奥运，各国运动员都（　　）所有的精力用在训练上。

A. 使　　B. 将　　C. 被　　D. 对

解析：首先排除“被”和“对”。学生会在“使”和“将”之间犹豫。使字句后面一般不接动词，多为形容词，即使是动词，也仅限于“得到、遭受、受到”这样具有“得到和损失”意思的动词。这里的动词是“用”，所以不对。这个句子很明显要表达的是把字句的意思，而“将”具有“把”的意思，所以答案是 B。

（9）我们要努力（　　）自己成为一个对社会有价值的人。

A. 把　　B. 由　　C. 使　　D. 将

解析：首先排除“由”，表意不符合。然后排除“把”，“把”在表意上没有问题，但问题在于动词“成为”，“成为”是自主性动词，不是靠外力作用完成　，所以不能用在把字句或被字句。*他把儿子成为老师。但可以说“他的儿子成为了老师”。或“他把儿子变成了老师”。答案是 C。使字句后面一般表示有益或受损的意思。

（10）我们的公司（　　）老板管理得有声有色，效益可观。

A. 由　　B. 被　　C. 把　　D. 使

解析：首先排除“把”和“使”，在表意上不符合。很多学生会选择“由”。因为他们看到了后面的动词“管理”，“由……管理”是一个典型搭配。但学生忽略了“管理”后面的成分，“有声有色，效益可观”在这里作状态补语，表示“管理”的结果，这句话的意思就发生了改变，不强调“由谁管理”，而是强调“管理”的结果。所以应该选择“被”，答案是 B。

通过对上述语料的偏误分析，我们发现“由”字句的偏误主要分为遗漏偏误、语序偏误、标记误用偏误以及其他的偏误。

（二）偏误类型

1.遗漏偏误

遗漏偏误包括主语、谓语、状语等的偏误，通过分析我们发现，留学生遗漏偏误的概率比较低，但是有一部分学生错误地添加了“的”字。例如：

（1）* 今天的精读课由王老师给你们上的。

（2）* 这部电影由成龙扮演主角的。

“的”有表示完成的意思，而单独的“由”字句中的动词通常表示未完成的意义，因此这类错句，要么改为“是……的”，要么去掉“的”字。

2.语序偏误

语序偏误的现象比较严重，是由于句子中的某个或某几个成分放错了位置而造成的偏误。

2.1 施事与受事语序的偏误

（1）* 明天玛丽由买电影票。

（2）* 他这次任务由完成。

（3）* 你决定由衣服的颜色。

这里“马力”“他”“你”分别是施事，应该放在“由”字的后面，而留学生因为不了解“由”字语法规则，将施事放在了前面主语的位置上。那么这几个句子可改为：

（4）明天由马力来买电影票。

（5）这次任务由他来完成。

（6）衣服的颜色由你决定。

2.2 状语位置的偏误。

“由”字句中，状语都是放在施事动词前面的，但是笔者发现，大部分中高级留学生把状语放到了“由”字的前面。例如：

（7）* 那边去由曾老师联系。

（8）* 买水果来这件事由阿迪办。

3.“由”与“被”的误用

王还（1983）把“由”字句纳入了“汉语种可能被译成英语被动句的句式之一”，并指出：“介词‘由’，当其在句中的功能是引出施事时，可以和‘被’一样译成英语的 by，整句也就可以译为被动句。”王思（2012）调查中发现，留学生学习“由”字句时，确实很容易出现这方面的偏误，尤以母语为英语的人为主。例如，翻译题：The problem will be solved by Miss Li. 中级水平的留学生中有 83% 的学生将其译为“这个问题将被李小姐解决”。而高级阶段，这种偏误仍然存在。他们不了解“由”字句和“被”的区别，不知道到底什么时候用“由”，什么时候用“被”。

（1）* 这个项目被我们公司负责。

（2）* 我们家的钱被妈妈管。

“由”字句主要强调说明事情的负责人是谁，而“被”字句的语义重点在于强调某个对象受某个动作的影响产生了什么结果、发生了什么变化，动作的目的性不强。因此，上述两个例句应该改为：

（3）这个项目由我们公司负责。

（4）我们家的钱由妈妈管。

此外，“由”字句的使用普遍率较之“被”字句的使用比例低。留学生在使用过程中，往往会出现“被”字句的泛化使用。韩阳（2006）也指出了“由”字句与“被”字句的不同，认为“由”字句的谓语对主体一般是进行描述和评议，从语用功能的角度来看，“由”字句属于描写句或评议句。目前市场上非常权威的教材之一《成功之路》是由北京语言大学邱军（2008）主编的，在其《进步篇 2》中简单地涉及了“由”，教材同样没有把它列入句型的范畴，而只是把它的搭配“由……来做”展示了出来，并简略地罗列了几个例句。

三、“由”字句的教学对策

目前的“由”字句研究成果虽然很多，但是汉语教材和相应的教学大纲中并没有将其作为重要的知识进行讲解，因此教师在教学过程中进行“由”

字句教学也相对较少。对外汉语教学领域关于“由”字句的教学研究是很有限的。彭小川（2004）主编的《对外汉语教学语法释疑201例》，结合留学生的偏误对“由”与“被”的差别做了简要的辨析，为教学提供了一些思路。任德国（2013）则将“由”字句的研究成果应用到对外汉语的教学实践中，对“由”字句存在的误加、误代、遗漏、错序四种偏误类型进行了分析，并从“对偏误的本质要有全面的认识、感性知识和理性知识相结合和在教学中大量运用对比分析方法”三个方面进行了对策分析。姜雪萍（2014）对留学生在学习“由”字句时产生偏误的原因进行了分析，结合留学生的教材和汉语教学大纲对“由”字句的教学提供借鉴。

（一）灵活调整教学策略

姜雪萍（2014）认为教师在进行教学过程中，常常会针对某一教学内容进行单独的讲解，并没有对“由”字句的固定格式、句子中的成分、句子的语序关系等进行分析，也没有将其各部分的词性和使用方法进行详细的概括。所以，留学生在学习的过程中，只是对“由”字句进行了简单的了解，并且还因与一些句子的使用方法类似而产生各种各样的语言偏误。

同时，教学策略的改变还要充分考虑学生的习得情况。留学生对“由”字句的掌握远不如其他常用句型，他们没有真正地了解该句型的句法、语义、语用特征，就算知道了该语法点的语法规则，在实际做题中仍然会犹豫不决，出现缺省、语序、否定形式等方面的偏误，而且他们不清楚到底哪些动词可以进入“由”字句，哪些不能。汉语学习时间的长短、水平的高低对“由”字句的习得有非常大的影响。中级水平的留学生，由于汉语思维和汉语语感不强，更容易出现回避或误用“由”字句等偏误，而高级水平的留学生偏误率明显降低。同时，母语负迁移的影响也与留学生对该句型的掌握程度有很大的关系，尤其是母语为英语的留学生，他们受英语被动语态的影响，在翻译和选择题中更多地误用“被”字。

（二）丰富操练形式

“由”字句教学中练习形式比较陈旧、类型单一，不利于留学生加深对知识的了解和熟练掌握。所以，建议练习题目的操练要及时，在形式方面要丰富多样，而且在强化功能项目要考虑可操作性。

王思（2012）认为把“由”字句的语法规则细化成一个一个的语法成分，并把它用线性序列表述出来，对于成年学习者还是很有用的。在课堂教学中，教师把句型归纳成板书，直观便于学生理解的同时也便于学生记忆。姜雪萍（2014）具体阐释“直观教学法”。直观教学方法是借助于辅助设施，如图片、动作、语言和多媒体设备等进行的教学方法。在汉语的“由”字句教学过程中，我们需要将“由”字句的各种固定句式、固定搭配等进行归纳和总结，并通过一个个的语法规则将整个语法体系进行串联。留学生在学习过程中，需要先将“由”字句的“A+由X+B”的句式进行分解，明确每个部分的语序、成分及语用、语法意义，并且用其生活中的实例进行大量的联系。在PPT的制作过程中，可以通过句型归纳和其他语言方式的辅助方式进行教学，这样便于增强学生们的学习积极性，还便于学生的掌握和理解。在对“由”字句的基本用法和固定格式进行掌握后，需要通过情景设置强化“由”字句的语用学习和掌握。在教学过程中，教师在教学活动中发挥着重要的引导作用，需要灵活地运用生活中的场景和课堂中的事物进行讲解，并引导学生在学习后用“由”字句进行表达练习。

任德国（2013）提倡感性知识和理性知识相结合。在对外汉语教学中，教师首先要介绍“由”字句的理性知识，例如句式的语义、语法、语用等方面的特点；然后在课堂上加入大量的句式训练，量的积累达到一定程度必定会引起质的飞跃。理论语法知识和具体事例训练的有效结合，会起到事半功倍的效果。

（三）对比教学法的应用

在教学中，大量运用对比分析方法。根据留学生母语的不同，了解语言之间的差异，从而进行语言之间的对比，这样对教学内容的学习会更有针对性。同时我们还可以对学生个体进行分析，分析他们的知识基础和他们不同文化背景下的性格特点，都会对“由”字句的习得有所帮助。在高级阶段，随着学生学习和掌握生词语法点的量的增加，需适当地对“由”字句、“被”字句、“是……的”等意思相近的句式进行语义辨析和用法异同的说明。因为这个时候，近义词等的用法成了困惑学生的一大问题，他们经常会问老师这个方面的问题。

姜雪萍（2014）在对“由”字句的偏误进行错误量的统计后发现，无论是在中级班还是在高级班，留学生的误代偏误率都较高，其最根本的原因是没有将“由”字句与“被”字句、“归”字句和“是”字句的用法进行区分掌握，导致了该类偏误的出错率较高。大多数的留学生都已经形成了自己母语方面的语法规则，所以在学习和接触新的语言的过程中，常常会用自身母语的语法规则去套用现在所学习的汉语，这样便造成了留学生在汉语学习过程中的大量偏误。“由”字句的句式特点跟“被”字句、“归”字句相似，特别是在“由”字句的被动式，常常与“被”字句互换。因此，越是母语跟汉语语法规则差异小的留学生，其在汉语学习过程中受母语负迁移的影响就会越小。

（四）提高教师的教学能力

“由”字句是一个比较复杂的句式，尤其是在对外汉语教学中。因此，要想让学生真正掌握“由”字句用法，不仅在教材和大纲的编写工作上要有所改善，同时对外汉语教师在教学策略上也需要不断的探索和创新，营造出一种学生乐于参与、积极表达的学习环境，只有这样，对外汉语教学工作才能更加有效地开展。

在教学中，教师要发挥主导作用。当留学生“被”字句和“由”字句都学习过后，教师有必要对这部分知识做一个整合性的回顾与练习。这时需要教师根据学生的学习情况安排一些练习题目，着重点是彼此间的辨析练习。练习的形式可以从不同的情景切入，通过一些关键词的提示，让学生从单句练习到完成篇章表达。采用这样的课堂学习结构可以极大地帮助留学生提高学习兴趣、提升学习效果。教师应以客观、宽容的心态来看待留学生在汉语学习过程中出现的各种偏误。即便会产生错误，教师还是应该鼓励学生多加尝试，尤其要将新的语言知识在交际中加以运用，把知识转化为能力。

此外，教师还应运用听说法反复操练“由”字句，达到脱口而出的程度。我们可以根据生活实际情况，师生互动，进行问答交流。也可以采用教师提供关键词语，引导学生用带“由”字的句子表达出完整的句子。

参考文献

[1]李大忠:《外国人学汉语语法偏误分析》，北京语言大学出版社1996年版。

[2]刘月华、潘文娱:《实用现代汉语语法》，商务印书馆2001年版。

[3]刘珣:《对外汉语教育学引论》，北京语言大学出版社2000年版。

[4]吕叔湘:《现代汉语八百词（增订本）》，商务印书馆2000年版。

[5]金立鑫:《对外汉语教学虚词辨析》，北京大学出版社2005年版。

[6]邱军:《成功之路——进步篇第二册》，北京语言大学出版社2008年版。

[7]宋玉柱:《关于“是……的”结构的分析》,《天津师院学报》1978年第4期。

[8]李卫中:《“由”字句的句法、语义、语用分析》,《汉语学习》2000年第4期。

[9]李卫中:《“由”字句及“由”字介词框架研究》,《苏州大学硕士论文》2007年。

[10]吕文华:《主语是受事的“是……的”句》,《汉语学习》1981年第5期。

[11]吕文华:《“由”字句—兼及“被”字句》,《语言教学与研究》1985年第2期。

[12]黄伯荣、廖序东:《现代汉语（增订二版）下册》，高等教育出版社2006年版。

[13]聂鸿英:《“由”字句、“被”字句之比较》,《延边大学学报》2007

年第 4 期。

［14］彭小川、李守纪、王红:《对外汉语教学语法释疑 201 例》，商务印书馆 2010 年版。

［15］张谊生:《现代汉语虚词》，华东师范大学出版社 2000 年版。

［16］朱其智:《“由”字句的语篇分析》，《语言研究》2002 年第 4 期。

［17］朱其智:《用于“由”字句中典型动词的研究》，《广州华苑》2002 年第 1 期。

［18］王还:《对外汉语教学语法大纲》，北京语言大学出版社 2003 年版。

［19］王文娟:《现代汉语“由”字句研究》，《南京师范大学硕士论文》2006 年。

［20］王振来:《韩国留学生学习被动表述的偏误分析》，《云南师范大学学报》2004 年第 3 期。

［21］王思:《基于对外汉语教学的“由”字句研究》，《湖南师范大学硕士论文》2012 年。

［22］姜雪萍:《基于对外汉语教学的“由”字句的研究》，《吉林大学硕士论文》2014 年。

［23］宋玉柱:《现代汉语特殊句式》，山西教育出版社 1987 年版。

［24］佟慧君:《外国人学汉语病句分析》，北京语言学院出版社 1986 年版。

［25］白晓媛:《留学生“遭”类动词句、“被”字句和“由”字句的偏误分析及习得研究》，《南京师范大学硕士论文》2012 年。

［26］肖奚强:《汉语中介语语法问题研究》，商务印书馆 2008 年版。［27］钟文:《“由”字句偏误分析》，《读与写（教育教学刊）》2016 年第 4 期。

［28］任德国:《基于语料库的“由”字句习得偏误分析》，《安徽文学（下半月）》2013 年第 1 期。

［29］王振来、侯盼盼:《以介词“由”为标记句式的偏误分析》，《云南师范大学学报（对外汉语教学与研究版）》2012 年第 3 期。

［30］刘乃仲、段兴臻:《施事由字句动词的语义特征研究》，《现代交际》2011 年第 3 期。

第六讲

存现句

存现句是对外汉语教学中的一个重点，由于其本身所具有的特点，加上很多汉语学习者的母语中没有与之对应的句型，使存现句也成为了一个教学难点。作为汉语中的一种特殊句式，存现句从被认知到现在，一直被语法学界广为重视，并且出现了一大批关于存现句本体的研究成果，比较有影响力的文章有：陈庭珍的《汉语中处所词作主语的存在句》（1957）、范芳莲的《存在句》（1963）、聂文龙的《存在句和存在句的分类》（1989）、宋玉柱的《经历体存在句》（1991）、潘文的《存现句在不同语体中的差异考察》（2003）等。这些文章从存现句的界定、分类、结构及各组成部分特征等方面展开精辟论述。可以说，存现句本体已经得到了较为深入、全面的研究。

在对外汉语教学中全面讨论存现句的成果还比较少，杨素英、黄月圆、高立群、崔希亮的《汉语作为第二语言存现句习得研究》（2007）考察不同母语背景的学生习得汉语存现句的情况，较为系统地探讨存现句习得过程中的主要问题，如有无普遍规律、不同的语言类型之间有什么不同的影响等。黄自然的《外国学生存现句偏误分析及习得研究》（2008）对 90 万字本族人语料中出现的存现句进行统计，根据存现句的句法形式、表义特点并结合本族人使用频率确定了 9 类下位句式，对中介语语料库中存现句的使用情况进行了系统的考察，分析偏误用例、偏误产生的原因。并运用正确使用相对频率法、习得区间法和蕴涵量表法得出存现句的习得顺序。张莉敏的《对外汉语教学中存现句偏误研究及教学设计》（2015）通过在教学过程中收集到的存现句偏误语料和 HSK 动态作文语料库中的偏误语料，对学生出现的存现句偏误现象进行归类，并从多个角度分析了偏误成因。然后分别考察了三部有代表性的大纲和主流教材中存现句的教学安排，结合学界对存现句的分类研究，参考学生存现句偏误情况，确定了汉语存现句教学内容及重点难点。在此基础上讨论了学生对存现句的最佳习得顺序，并对存现句进行了阶段性教学设计。

一、存现句的语法特征

黄伯荣、廖序东（2000）认为："表示什么地方存在、出现或消失了什么人或物的一种句型叫存现句"存现句是说明人或事物的存在、出现或消失的句子。它的基本格式是：某处存在着（出现了 / 消失了）某人或某物。例如：

（1）门上贴着一副对联。

（2）屋里坐着三个男人。

例（1）（2）表存在。

（3）外面跑进来一只小狗。

（4）镇上传出一个噩耗。

例（3）（4）表出现。

（5）小张家死了一条大黄狗。

（6）班里少了一个学生。

例（5）（6）表消失。

（一）存现句的分类

存现句根据句式意义和相关形式特点的不同，分为存在句和隐现句两大类：

1. 存在句

存在句是表示人或事物存在的句子。存在句的表达功能主要是描写客观环境、人物的穿着打扮和姿态等，表示人或事物存在的一种状态，是描写性的，不是叙述性的。常采用的句式是"处所词语 + 动词 + 名词"，例如：

（1）超市门口挤满了人。

（2）桌子上摆满了酒菜。

（3）身上穿着一件大红棉袄。

2. 隐现句

隐现句是表示人或事物出现、消失的句子。在汉语里，当要叙述某个处所或某一时间有什么人或事物出现或消失的时候，一般就用隐现句表达：处所词语（时间词语）+ 动词 + 名词（表示出现或消失的事物）。例如：

（1）我们班转来了一个韩国学生。

（2）上个月村里发生了一件怪事。

（3）老王家死了一只羊。

（二）存现句的结构特点

1. 存现句的主语一般是由表示方位处所的名词性词语充当，表示人或事物存现的方位或处所。它们分别位于句首，充当句子的主语。

李勉东（2003）指出：存现句可以是主谓句，也可以是非谓句。这取决于句首的语言形式。句首出现方所词语时，方所词语作主语，整个存现句是主谓句；句首如果出现介词，形成“介词 + 方所词语”的介词短语，这时，介词短语作状语，整个存现句就是非主谓句。比较：

（1）教室外面走进来一个人。（主谓句）

（2）从教室外面走进来一个人。（非主谓句）

例（1）“教室外面”是处所短语，用在句首充当主语；例（2）“从教室外面”是介词短语，用在句首充当状语。

2. 存现句的带宾动词表示存在、出现或消失的意义。

第一，表示存在意义的动词用“有”或“是”直接表示存在。例如：

（1）学校南门对面有一家银行。

（2）宿舍东面是图书馆。

第二，动词带“着”，既叙述存在，又表明存在的方式。例如：

（3）门口停着十多辆车。

（4）头上梳着麻花辫儿。

第三，动词带“满”再带“了”，表明已经普遍存在。例如：

（5）教室里坐满了学生。

（6）超市门口挤满了人。

表示出现或消失意义的动词也有三种情况：

第一，“出现、发生、走、跑、死、少”等动词带“了”表示出现或消失。例如：

（1）羊群里跑了一只羊。

（2）村里死了一个人。

第二，趋向动词带“了”，表示出现。例如：

（3）家里来了一位客人。

（4）银行来了许多新职员。

第三，动词带趋向动词，表示出现。例如：

（4）走廊里传来一阵笑声。

（5）马路对面开过来一辆车。

3. 存现句的宾语大多是施事，而且一般是不确指的。宾语前边常常带有“一个、几个”之类的数量定语，不能带“这个、那个”之类表示确指的定语。

可以说：

（1）羊群里跑了一只羊。

（2）村里死了一个人。

不能说：

（1）* 羊群里跑了这只羊。

（2）* 村里死了那个人。

（三）存现句使用的条件限制

1. 存现句的否定式是在谓语动词前边用否定副词“没（有）”。

（1）那个公司没来新员工。

（2）认定书上没写签名。

否定句中，指人或事物的名词（宾语）前不需要加数量词或指示词。例如：

（3）小区门口没停着车。

（4）公司没进来新员工。

（5）* 小区门口没停着一辆车

（6）* 公司没进来那个新员工。

2. 处所词语不能放在动词谓语的后面。

（7）* 很多货品放了公司里。

（8）公司里放了很多货品。

上面这句话是一个存现句，其中“公司里”是表示处所的词，“很多货品”是表示事物的词。在存现句中，处所词应该用在动词谓语的前边，谓语动词后边应该是人或事物。

3. 谓语前边不能再加表示动作正在进行的副词“正”或“在”。

（9）* 楼前在挂着一个条幅。

（10）* 桌子上正摆着酒水。

4. 在隐现句中，数量词组要求是不定指的形式。

（11）楼上走下来一个人。

（12）* 楼上走下来老王。

（13）屋顶飞过去一架飞机。

（14）* 屋顶飞过去那架飞机。

5. 对举时的宾语

对举时，宾语前可以没有任何定语。例如：

（15）楼前养着花，楼后种着树。

（四）存现句的基本格式

这个句式最典型的特征就是句首是表示处所的词语，但谓语部分比较复杂，我们具体来看一下其句法分布情况。

基本公式 1：处所 + 动词 + 着 + 宾语

门口　停　着　很多车

墙上　挂　着　一幅地图

处所 + 动词 + 了 + 宾语

医院里　死　了　一个人

班里　走　了　一个学生

处所 + 动词 + 过 + 宾语

这里　住　过　很多学生

这家酒店　住　过　很多外宾

注意：句首不可以加介词“在”。* 在医院里死了一个人。

基本公式 2：处所 + 趋向动词 + 了 + 宾语

礼堂里 出来　了　很多人

车上　下来　了　很多乘客

处所 + 动词 + 趋向动词 + 了 + 宾语

楼里　搬　进来　了　很多新人

房间里　跑　出来　了　一只小狗

注意：它们都可以在句首词语前补出介词“从”，但补出后就不是存现句了，就变成了状中谓语句。句首主语变成了句首状语。

外面走进来一个人。

[从外面] 走进了一个人。

基本公式 3：处所 + 动词 + 满 + 了 + 宾语

大厅里　坐　满　了　人

海边　挤　满　了　游客

注意：句首不可以加介词“在”。* 在大厅里坐满了人。

基本公式 4：处所 + 在 + 处所

商店　在　学校东边

图书馆　在　操场对面

处所 + 是 + 宾语

商场对面　是　超市

教学楼前面　是　操场

处所 + 有 + 宾语

学校附近　有　很多饭店

操场上　有　很多学生

注意：句首不加介词“在”。* 在学校附近有很多饭店。

（五）辨析表存在的“在、是、有”

1.“在字句”表示“什么在哪儿”，“在”的前后都是处所，“在”的前面表示事物，“在”的后面表示事物所在的地点。提问：……在哪儿？

商店在哪儿？　　　　图书馆在哪儿？

商店在学校东边。　　图书馆在操场对面。

2.“是字句”表示“那儿是什么”，“是”前面是确切的地点，“是”后面表示存在的“人或东西”。提问：那儿是什么？

商场对面是什么？　　　教学楼前面是什么？　　　屋里都是什么？

商场对面是超市。　　　教学楼前面是操场。　　　屋里都是人。

3.“有字句”表示“那儿有什么”，“有”前面是确切的地点，“有”后面表示存在的“人或东西”。提问：那儿有什么？

“是字句”和“有字句”的区别：

第一：“那儿是什么”表示有唯一的东西；“那儿有什么”表示除了这个东西以为，还有别的东西。试比较：

宿舍对面是篮球场。（一对一）

宿舍对面有篮球场，还有网球场。（一对多）

第二：“那儿是什么”可以表示有定的东西，“那儿有什么”只能表示无定的东西。试比较：

图书馆对面是一号教学楼。　　　车站后面是我的家。

* 图书馆对面有一号教学楼。　　　* 车站后面有我的家。

二、存现句的偏误分析

近年来，随着对外汉语教学的蓬勃发展，关于存现句的偏误分析相关的研究成果比较丰富。黄自然的《外国学生存现句偏误分析及习得研究》（2008）对中介语语料库中存现句的使用情况进行了系统的考察，分析正确用例以发现外国学生存现句习得的纵向发展特点，分析偏误用例并从语际、语内迁移及认知心理对偏误产生的原因作出解释。王慧琳的《留学生存现句偏误与对策研究——留学生存现句教学的多维思考》（2008）对留学生存现句习得做了较全面系统的研究。作者采用问卷调查和对中介语语料库中存现句考察的方式，整理出了留学生使用存现句时产生的偏误语料，概括出几种主要的偏误类型：遗漏、误加、错序、误用及回避使用偏误。并进一步分析了偏误产生的原因：母语负迁移、目的语规则泛化和目的语规则掌握不够。此外，还有很多学者针对不同母语习得者的存现句习得情况进行研究。根据对外汉语教学的实际情况，我们从以下几个方面对偏误情况加以分析。

（一）句首误加“在”

（1）在办公室门口站满了学生。

改正：办公室门口站满了学生。

（2）在屋里坐着很多人。

改正：屋里坐着很多人。

解析：存现句的一大特点就是，句首处所词语一般不可以加介词“在”。因为存现句要求有表示处所的词语作处所主语，如果加上“在”，就变成了“介宾短语”，在汉语里，介宾短语不能作主语，只能作状语或补语。所以，如果有介词“在”，那么一般把介宾短语后移到动词后，作处所补语。如：

屋里坐着很多人。——* 在屋里坐着很多人。——很多人坐在屋里。

墙上挂着一幅画。——* 在墙上挂着一幅画。—— 一幅画挂在墙上。

（二）“有、在、是”混淆

（1）大连里有很多广场。

改正：大连有很多广场。

（2）大外里有很多留学生。

改正：大外有很多留学生。

解析：这里的“大连”和“大外”都是专有名词，这样的词后面一般不加方位名词。如“* 长城里有很多外国游客”。

（3）我的家是学校东边。

改正：我的家在学校东边。

（4）学校门口是一家药店，还有一个咖啡馆。

改正：学校门口有一家药店，还有一个咖啡馆。

解析：例（3）表示“我的家在哪儿”，所以要用动词“在”。例（4）表示学校门口有两个东西，所以是“一对多”的关系，应该用“有”，而不是“是”，因为“是”表示“一对一”的关系，也就是全部。如果没有后面的句子“还有一个咖啡馆”，那么“学校门口是一家药店”也可以，但隐含的意思是“学校门口除了药店，没有别的”。

（5）商店后身有他的公司。

改正：商店后身是他的公司。或他的公司在商店后身。

解析：“有”后面的宾语要求是无定的，如果有定，要把“有”改成“是”。或者变成在字句。

（三）宾语要求无定

（1）车里坐着我的朋友。

改正：车里坐着一个人。或我的朋友坐在车里。

（2）教室里走进来了孙老师。

改正：教室里走进来了一个人。或孙老师走进教室里来了。

解析：存现句一般情况下，要求宾语是无定的，非确指的。如果是有定的，一般要把宾语置于句首作主语。

黄自然在《外国学生存现句偏误分析及习得研究》（2008）总结出四种偏误类型：遗漏、替代、冗余和错序。进而发现留学生习得存现句的普遍规律：第一，本族人使用频率高、交际需求高的存现句句式往往先习得，如“有”字存现句和“V 着”存现句。第二，存在句的习得先于隐现句的习得，到了中级阶段，留学生才开始使用隐现句。第三，对非语境依赖型存现句的习得情况优于对语境依赖型存现句的习得情况，如只有 A、C 两段的无动词句，以及光杆动词句，均对语境的依赖性强，往往出现在描写性很强的语篇中，留学生习得较困难。

三、存现句的教学对策

纵观对外汉语教学中的存现句教学研究，关于教学方法层面的论著还尚少，大多数研究者只是顺带提一些教学建议，并未专门或者深入探讨。张莉敏（2015）按照教学设计对实验班进行存现句教学，然后对两个班级进行测评，分析教学效果，并对教学设计中的不足之处进行反思和改进。邢璐（2009）从教材的排序编写、教师的讲解及学生的练习设计三方面来阐述英语为母语留学生存在句的教学建议。杨云（2014）在对韩语母语者存现句的习得特点、偏误情况、回避心理进行全面把握的基础上，对韩语母语者存现句教学提出三点建议：有所教有所不教，注重可理解输入形式和意义相结合，整体和部分相结合克服回避心理，进行多层次练习。此外，马威的《哈萨克斯坦和吉尔吉斯斯坦留学生汉语存现句习得分析》（2016）、董玲的《土库曼预科生汉语存现句习得研究》（2012）、王倩的《尼日利亚留学生存现句偏误分析和教学研究》（2016）等针对不同国别的留学生探讨汉语存现句习得情况，并提出有针对性的教学对策。

这里我们主要从有针对性的调整教学策略、加强对比教学、将习得与教学相结合三个方面展开介绍。

（一）有针对性的调整教学策略

在教存现句时，教师应该少讲理论定义和术语，尽量通过具体实例，将存现句的语法知识深入浅出地讲解出来。首先明确指出其“存在”的意义，并给出典型的结构形式，如“NP1+ 有 +NP2”，直观易懂。或者以教学环境为例，以学生课桌上的东西为出发点进行提出，也可以借助道具、多媒体展示图片。总之，实施操练最重要的一点是要有针对性，同时具有重复性、循环性和反馈性等特点。存现句的操练最有效的方式是设置情境，帮助学生身处实际的使用环境，除了情境交流，也可以采用句型变换和半自由造句等操练方式。当然，必须进行大量、反复的练习，来加深学生的记忆。同时，操练的过程中也可以反馈出学生掌握存现句的情况。

教师应该重视语境教学。利用现有的空间结构，采用直观法或者图示法等，在留学生已经具有的认知结构和生活经验的基础上创设情境。来中国学习的留学生大多是成年人。我们设计的情境首先要让留学生能够接受，能在他们已有认知经验基础上融入进去，能够用已有经验同化新知识，即便不能同化新知识，也要引起顺应过程，对原有认知结构进行改造和重组。如可以让一个学生到黑板上画一幅画，教师提前布置一个主题：我的卧室 / 宿舍位置图等。画完后，采用问答的方式，一个学生问，一个学生回答。如“卧室里有什么”——“卧室里有一张床”“床的左边是什么？”——“床的左边是桌子”等。

除了教给学生存现句的句法规则外，还要重视培养学生的语感，告诉学生什么时候用存现句，选取哪一种表达方式等。如有的老师采用替换教学法，让学生不断替换主语，“钱包里有十元钱”，学生可以无限替换成“屋里有一个人”“公园里有很多老人”等句子。但你如果只停留在这个阶段的教学，学生往往会缺乏思考，产生惯性思维，往往说出“大连里有很多广场”“北大里有很多老外”等偏误句子。以往的教学偏重于结构的描写和说明，但这些结构上的分类和描写在教学中的作用是有限的，学生掌握了某一结构，但说出来的话、写出来的句子却不一定正确。要想真正提高效率，就必须加强意义的解释和教学。

针对目前对外汉语教材中存现句讲解的不足，教师应该灵活调整教学策略。王慧琳（2008）指出教材中存在的不足：把存现句与表达同样语义的非存现句反复转换，如果教师没有引导学生体会二者不同的语用效果，学生容易形成运用存现句和非存现句都一样的错误概念，在实际运用中，学生就会用相对简单的非存现句替代存现句的表达。其次，这类练习仅仅停留在句法结构层面，没有凸显存现句语用上的特点，没有明确存现句的本质，没有上升到语用高度引导学生，收效不大。针对存现句句法结构的练习是必要的，如句型转换和半自由造句等，他们是学生操练存现句的基础，但是，当基础较稳固时就应引导学生在语用层面练习，应该适当安排以语用为轴心的练习。

（二）加强对比教学

留学生在习得存现句时，特别是表意和用法接近的存现句，往往会产生偏误。如：

（1）* 邮局是学校东边。

（2）* 学校东边在邮局。

这是学生对表存现的“是”字句与“在”字句用法和表意还只是停留在表面，并未抓住其核心用法。“是”字句与“在”字句都可以表达存在这一概念，而且存在的人或事物都是确定的、已知的，初学者容易误用。两者最大的区别是表达存在语义的时候语序不同。“是”字句为“处所词语 + 是 + 表示存在的人或物的名词”“在”字句是“表示存在的人或物的名词 + 在 + 处所词语”。因此上述两个偏误句子应该改为“邮局在学校东边”“学校东边是邮局”。

（3）* 在屋里坐着很多人。

（4）* 北京里有很多自行车。

这两个典型病句的错误原因有来自母语的负影响的，也有目的语泛化造成的。王慧琳（2008）指出：“当学习者学习了有限的汉语规则之后，会主动地进行归纳，然后概括出一般化的规则，力图使规则适应于更大的范围。当概括的结论与汉语规则一致时就能产生正确的话语，当概括的结论超出汉语规则所允许的限度，并用来类推时就会出现偏误，就出现了泛化。在存现句学习中，明显地显现出这一特点。”例（3）的错误在于误加了介词“在”，应去掉“在”。存现句句首词语常见的为表时间或者处所的名词短语、方位词或者方位词短语。留学生大量地误加介词，主要是受母语的负迁移影响以及没有掌握存现句各部分的句法要求。例（4）的错误可以理解为泛化性偏误。就是学习者将其所学的有限的不充分的目的语知识，用类推的办法不适当地套用在新的语言现象上而造成的偏误。因为留学生学习了存现句句首表方所的名词不能单独使用，要加上方位词，于是就类推到所有名词上。应该改为：

（5）屋里坐着很多人。

（6）北京有很多自行车。

此外，教师应针对学习者的国别，与其母语对应形式比较。如英语中表达存在意义的“There be”…句型。在教学中，针对这种情况，教师应该积极采用类比教学法。在存现句的教学中，可以从多个方面进行比较。很多教材都将“在”字句和“有”字存现句放在一起教授，可以通过“在”字句（名词＋在＋处所）和“有”字存现句（处所＋有＋名词）结构形式的区别，促进学生对存现句的理解。邢璐（2009）举例为：“在”“有”混淆。

（1）There are three students in side.

里面有三个学生.

*三个学生在里面。

（2）There is a post office behind the school.

学校后边有一个邮局。

*邮局在学校后边。

（三）将习得与教学相结合

对外汉语教师需要将存现句习得研究的成果和汉语作为第二语言的教学结合起来。存现句的偏误分析和习得研究可以为大纲和教材中存现句语法项目的选取和排序提供一定的依据和参考，从而指向汉语作为第二语言的存现句教学。

实际教学中，我们发现一个问题，就是很多留学生在使用存现句时，往往采用“回避”策略。这就产生两种情况，一种是完全回避，就是避免使用所有的存现句。二是回避使用自己不熟悉的，或者用自己熟悉的存现句表达所有的存现义。罗青松（1996）指出：“回避偏误是二语习得者在运用目的语的过程中，语言能力不足以自如地表达意思时，对语言表达的内容、形式作出避难就易、避繁就简的选择，以求跨越语言运用的障碍，达到表达思想的目的。由于许多留学生的母语没有与汉语的存现句相对应的句型，加上汉语中这类句型本身使用频率不高，有些只有通过句群的分析才能看出其语明上的作用，因而有一定的难度。所以留学生对存现句往往采取回避的策略。”黄自然（2008）通过相同规模的本族人语料和中介语语料进行对比，确定外国学生在使用存现句时存在明显的回避倾向。如很多欧美初学者，很不习惯用标准的存现句表达语义，往往套用自己母语的表达习惯，出现很多偏误句子“学校东边食堂”（遗漏）、“门口是很多人”（误用）、“在北大有很多外国人”（误加），他们把存现句等同于英语的“there be”句型，因此产生上述偏误。邢璐（2009）认为这主要是初级学习者产生的偏误。偏误原因一是母语负迁移中的母语与目的语分化造成的偏误。英语中谓语动词“be”在汉语中有两个以上的语言项与之对应（有、是、在），学生受干扰而造成的偏误。二是学生对存在句基本结构掌握不牢造成的。

对外汉语教学视角下的存现句习得研究成果目前还比较少，一些学者分析了汉语存现句和英语、法语、朝鲜语等语言存现形式的对比，从中找到两种语言存现结构在生成机制、句法形式、语用条件等各方面的异同，这对于针对某种语言的对外汉语教材编写有重要的指导作用：利用两种语言存现句相同的部分作为学习的切入点，发挥母语的正迁移作用；两种语言存现句不同的部分重点讲解、反复练习，尽量减少母语的负迁移作用。

此外，现在的对外汉语教材还是侧重于句法结构的讲解和练习，语义和语用层面很少涉及。事实上，存现句的本体研究在语言的三个平面都取得了很多成果，对外汉语教材编写者应该及时把本体研究成果合理地引用到教材中来。注释存现句时不仅要讲明句法特点，还要讲清楚语义特点、语用条件和语用功能。

参考文献

［1］卢福波：《对外汉语教学实用语法》，北京语言大学出版社 2012 年版。
［2］卢福波：《汉语语法教学理论与方法》，北京大学出版社 2010 年版。

［3］杨寄洲主编:《汉语教程（语言技能类）第一册（上、下）第二册（上、下）》，北京语言大学出版社 2011 年版。

［4］李晓琪主编:《博雅汉语（初级 I、II 册）》，北京大学出版社 2004 年版。

［5］国家对外汉语教学领导小组办公室汉语水平考试部编:《汉语水平等级标准与语法等级大纲》，高等教育出版社 1996 年版。

［6］聂文龙:《存在句和存在句的分类》，《中国语文》1989 年第 2 期。

［7］潘文:《存现句在不同语体中的差异考察》，《修辞学习》2003 年第 6 期。

［8］宋玉柱:《经历体存在句》，《汉语学习》1991 年第 5 期。

［9］宋玉柱:《现代汉语存在句》，语文出版社 2007 年版。

［10］李勉东:《现代汉语语法研究》，东北师范大学出版社 2003 年版。

［11］姜颖颖、秦宝艳:《存现句偏误研究》，《语文学刊》2009 年第 24 期。

［12］李兰东、杨晓霞:《存现句概说》，《现代语文》2010 年第 9 期。

［13］李挺:《汉语存现句的认知特征分析》，《学术交流》2009 年第 10 期。

［14］潘文、延俊荣:《论现代汉语存现句的语用分类》，《江苏社会科学》2007 年第 1 期。

［15］郑懿德:《对外汉语教学对语法研究的需求与推动》，《世界汉语教学》1991 年第 4 期。

［16］杨素英、黄月圆等:《汉语作为第二语言存现句习得研究》，《汉语学习》2007 年第 1 期。

［17］高琦:《面向对外汉语教学的存现句研究》《西安外国语大学硕士论文》2013 年。

［18］黄自然:《外国学习存现句偏误分析及习得研究》，《南京师范大学硕士论文》2008 年。

［19］黄中辉:《“V 着”类存在句的汉英对比分析及习得难点预测》，《华中科技大学硕士论文》2007 年。

［20］胡文泽:《汉语存现句及相关并列紧缩结构的认知功能语法分析》，《语言教学与研究》2004 年第 4 期。

［21］安玲玲:《关于存现句的教学设计》，《苏州大学硕士论文》2012 年。

［22］崔建新:《隐现句中的谓语动词》,《语言教学与研究》1987 年第 2 期。

［23］崔永华、杨寄洲:《对外汉语课堂教学技巧》，北京语言大学出版社 1997 年版。

［24］陈庭珍:《汉语中处所词作主语的存在句》,《中国语文》1957 年第 8 期。

［25］戴雪梅:《关于静态存在句和动态存在句》,《语言学探讨》1988 年第 1 期。

［26］丁声树:《现代汉语语法讲话》，商务印书馆 1961 年版。

［27］杜小倩:《越南留学生汉语存现句偏误研究》,《广西民族大学硕士论文》2013 年。

［28］范方莲:《存在句》,《中国语文》1963 年第 5 期。

［29］樊海燕:《韩国留学生存现句习得情况调查与教学探讨》,《宿州教育学院学报》2007 年第 4 期。

［30］樊敏:《以英语为背景的学习者习得汉语存现句偏误分析》,《辽宁师范大学硕士论文》2011 年。

［31］范晶媛:《韩国留学生汉语存现句偏误研究》,《中央民族大学硕士论文》2011 年。

［32］罗青松:《外国人汉语学习过程中的回避策略分析》,《北京大学学报（哲学社会科学版）》1996 年第 6 期。

［33］王源:《美国留学生汉语存现句偏误研究》,《吉林大学硕士论文》2014 年。

［34］王慧琳:《留学生存现句偏误与对策研究》,《暨南大学硕士论文》2008 年。

［35］温晓虹:《主题突出与汉语存在句的习得》,《世界汉语教学》1995 年第 2 期。

［36］杨春华:《现代汉语存在句的认知研究》,《浙江师范大学硕士论文》2009 年。

[37] 杨寄洲:《对外汉语教学初级阶段教学大纲（语法大纲）》，北京语言文化大学 1999 年。

[38] 杨菁:《母语为英语的留学生汉语存现句教学的认知探索》,《渤海大学硕士论文》2012 年。

[39] 张莉敏:《对外汉语教学中存现句偏误研究及教学设计》,《吉林大学硕士论文》2012 年。

[40]邢璐:《欧美留学生习得存在句偏误分析》,《陕西师范大学硕士论文》2009 年。

[41] 范晶媛:《韩国留学生汉语存现句偏误研究》,《中央民族大学硕士论文》2011 年。

[42] 杨云:《韩语母语者习得汉语存现句研究》,《吉林大学硕士论文》2014 年。

[43]李俊丽:《留学生存现句习得调查与研究》,《福建师范大学硕士论文》2010 年。

[44] 马威:《哈萨克斯坦和吉尔吉斯斯坦留学生汉语存现句习得分析》,《新疆师范大学硕士论文》2016 年。

[45] 董玲:《土库曼预科生汉语存现句习得研究》,《华中师范大学硕士论文》2012 年。

[46] 王倩:《尼日利亚留学生存现句偏误分析和教学研究》,《苏州大学硕士论文》2016 年。

[47] 国家汉办:《高等学校外国留学生汉语教学大纲（长期进修）》，北京语言大学出版社 2002 年版。

[48] 国家对外汉语教学领导小组办公室:《高等学校外国留学生汉语言专业教学大纲》，北京语言大学出版社 2002 年版。

[49] 国家汉办:《孔子学院总部汉语水平考试 HSK 大纲》，商务印书馆 2009 年版。

第七讲

连动句

在汉语里有这样一类句子，如“我去北京看奥运”“玛丽来大连学习汉语”“我坐船去烟台”“老师站着讲课”等，我们发现，这些句子有一些共同的特点，由两个及两个以上的动词或动词词组构成谓语，它们之间没有停顿，也没有关联词语，也没有分句间的逻辑关系，书面上没有逗号、顿号，并且这几个动词性成分共用一个主语，它们共同叙述、描写、说明这个主语，这样的动词谓语句叫“连动句”。

连动句的基本结构是：主语＋谓语 1+（宾语 1）+ 谓语 2+（宾语 2）。例如：

（1）很多专家学者来我们学校做讲座。

（2）山本和室友一起去书店买书。

（3）很多老人排队买鸡蛋。

（4）很多大学毕业生去边远山区教孩子们知识。

目前对外汉语教学界还缺少针对连动句习得情况的系统研究，连动句本体研究的理论成果尚未能较好地运用于实践之中。从对外汉语教学的现状来看，连动句动词结构连用的特点容易得到教材和教师的强调与强化；但连动句的两个动词除了表示动作连续发生的含义之外，还存在较为复杂的语义关系，如状态、手段、条件等。教材对这些复杂语义关系的总结与解释过于简单，在句式编排顺序上也不够合理。

由于教材、教学中存在的种种问题，加之连动句自身的特点以及母语的影响，外国学生在学习中容易出现各种问题。首先，汉语的动词连用形式由于缺少形态变化、特征标记及连接语素，为外国学生的学习增加了难度；其次，连动句相对于单谓语句结构更为复杂，外国学生在学习中往往容易在动词的选取、组合及其他语法成分的排序问题上出现错误；另外，由于在母语中找不到准确的对应形式，在应该使用连动句的场合，学生往往倾向于使用复句或其他形式来表现，造出不符合汉语表达习惯的句子。以上问题反映出了外国学生在连动句学习中在语义、语法、语用三个层面上遇到的困难。

一、连动句的语法特征

黄伯荣、廖序东（1991）主要讨论了连动句的两个动词结构之间是否可以有语音停顿，紧缩复句与连动句如何划界的问题。黄伯荣、廖序东将连动词组称为“连谓短语”，定义为：连谓短语是两个或几个谓词、谓词性短语连用的组合；前一部分用动词、后一部分常用动词，有时也可以用形容词或形容词性结构。连用的几部分大多表示连续发生的几个动作，是连续关系。这几部分都可以分别和同一主语组成主谓结构，但是又不同于联合短语。其间没有关联词语和语音停顿。

杨寄洲在《汉语教程》里将连动句定义为：“谓语由两个或两个以上在逻辑上有关联的动词或动词词组组成的句子。”实际上就是指用连动短语充当谓语的特殊句式。 该句式的突出特点是：动作施事者发出连续的动作，因此在一个句子结构中含有两个或两个以上的谓语核心。例如：

（1）他上街买菜。

（2）他脱下鞋子躺在床上。

（3）他撸起袖子打了她一个耳光。

（一）连动句的结构特点

根据李勉东（2003），连动句主要有以下几个特点：

第一，两项或两项以上的谓词性成分连用；

第二，在意义上每一项都能与同一主语发生主谓关系，连着主语单说；

第三，中间没有语音停顿；

第四，没有关联词语。例如：

（1）她上街买东西。——她叫我买东西。（区别于兼语句）

（2）他病了没上课。——他病了，没上课。（区别于复句）

（3）他起身走了。——他起身就走。（区别于紧缩复句）（李勉东：2003）

（二）连动句的语义关系

李勉东（2003）根据谓1谓2之间的意义关系主要有以下几种类型：

1. 谓1谓2有先后关系

（1）我们下了课就去吃饭。

（2）父亲想了想说。

（3）二叔点起烟抽了起来。

（4）二妹下了班换好衣服化好妆出门去约会。

（5）山本下了课跑到邮局给姐姐寄礼物去了。

2. 谓2表示谓1的目的

（1）玛丽去图书馆借汉语书。

（2）孩子哭着找妈妈。

（3）山本找家教辅导汉语。

（4）哥哥打工挣钱还债。

（5）巴特回蒙古教学生汉语。

（6）她执意留在农村教孩子们知识。

3. 谓1表示谓2的方式

（1）他们红着脸吵起来。

（2）安东穿着拖鞋走进教室。

（3）玛丽哼着歌曲去约会。

（4）爸爸打着鼾声睡着了。

4. 谓1表示谓2的原因

（1）亚历山大踢足球摔断了腿。

（2）妈妈听了不高兴。

（3）玛丽病了没来上课。

（4）同学们看了这个电影都笑了。

（5）山本走错了教室迟到了。

（6）小王过生日请大家吃饭。

5. 谓1谓2从正反两方面说明同一意思

（1）趴着不动。

（2）抓住不松手。

（3）闲着无聊。

（4）瞒着不跟我说。

6. 谓1谓2重复使用同一动词

（1）游泳游累了。

（2）叫他叫不动。

（3）出差出烦了。

7. 谓1的动词为“有/没有”

（1）有事儿没回来。

（2）有人不方便。

（3）有精力完成工作。

（4）有力气搬动木头。

（5）没有胆量跟她表明。

8. 谓1的受事同时也是谓2的受事

（1）小王买酸奶喝。

（2）玛丽炒河粉吃。

（3）山本买汉语书看。

9. 由“来”“去”组成连谓句，“来、去”可作谓1或谓2。谓1或谓2表趋向

（1）安东去买汉语书。

（2）嫂子来借钱。

（3）坐飞机来。

（4）坐高铁去。

与趋向补语做比较：向车站走去。拿来一本书。这儿的“来、去”说明动词。而连谓句“去买汉语书”“坐车去”是说明主语的。再看，它们提问不同：怎么来的？坐飞机来的。是说明方式的。

（三）连动句的结构方式

1. 连动句的谓语

1.1 连动句的谓语可以是两个动词。例如：

（1）我去找。（“去”为动 1，“找”为动 2）

（2）他们来参观。（“来”为动 1，“参观”为动 2）

1.2 连动句的谓语动词可以都带宾语，也可以是其中任何一个动词带宾语。

（1）我去找他。（动 1“去”没有宾语，动 2“找”有宾语“他”）

（2）我去图书馆找。（动 1“去”有宾语“图书馆”，动 2“找”没有宾语）

（3）我去宿舍找他。（动 1“去”有宾语“宿舍”，动 2“找”有宾语“他”）

2. 连动句的状语

状语一般放在第一个谓语动词前边。例如：

（1）你快去告诉他。

（2）小张要买一份说明书看。

（3）他们现在有机会学习技术。

连动句中如果有表示时间的状语可以放在句首。例如：

（1）下午你到办公室找我一下。

（2）三年以前她来中国访问过。

3. 连动句的否定式

3.1 连动句的否定形式是把否定副词“不”或“没（有）”放在第一个谓语动词前边，否定的是整个谓语部分，不能把否定副词放在第二个谓语动词前边。

（1）* 我出去不买东西。

（2）我不出去买东西。

（3）* 他坐汽车不进城。

（4）他不坐汽车进城。

（5）他们不去旅游了。

（6）今天咱们没工夫谈下去了。

3.2 第一个谓语动词为“有”的否定式是“没有”。例如：

（1）* 他不有时间去公园。

（2）他没有时间去公园。

（3）* 我不有本子用了。

（4）我没有本子用了。

（四）连动句用法上的特点

1. 连动句中的动词位置

1.1 动词短语位置不能互换

连动句中两个动词短语位置不能互换，否则会改变原来的意思，或者不成句子。连动句的这一个特点不同于并列关系的短语。具有并列关系的结构成分位置可以互换，而不改变原来的意义，而组成连动句的几个短语位置不能变换。

（1）我们出去吃饭。——* 我们吃饭出去。

（2）学生出去排队。——学生排队出去。（意思改变）

1.2 表示方式的动词不能放在其他动词的后面

在连动句中，有一个动词成分是表示方式的时候，这个表示方式的动词不能放在其他动词的后面。如：

（1）* 我写信用汉语。

（2）我用汉语写信。

在汉语中表示手段或方式的动词和它的宾语应该用在其他动词的前边。在上面的例子中，“用汉语”表示的是一种方式，必须用在动词“写”的前边。

1.3 表示趋向的动词“来”“去”位置比较自由

表示趋向的动词“来”“去”既可出现在第二个谓词性成分之前，又可以出现在第二个谓词性成分之后，还可以重复出现。例如：

（1）我去看书。（“去”的目的是“看书”）

（2）我看书去。（“去”虚化，轻读）

（3）我去 1 看书去 2。（“去 1”是实动；“去 2”是虚动）

2. 连动句中的“了”

2.1“了”的位置

连动句中如果要强调动作已完成，一般是在句尾用助词“了”，或者把助词“了”放在第二个谓语动词后边。例如：

（1）学生们都去活动中心看话剧了。

（2）玛丽去书店买了一本汉语词典。

（3）山本去海滨广场放了一次风筝。

当连动句中有“了”的时候，“了”要放在第二个动词的后面。如：

（4）* 我去了超市买水果。

（5）我去超市买了水果。

（6）我去超市买水果了。

（7）* 去书店买一本书了。

（8）去书店买了一本书。

（9）* 到上海玩一天了。

（10）到上海玩了一天。

上面句子中有两个动词谓语“去”和“买”。在这种句子中，助词“了”一般用在第二个动词之后或句尾。

2.2“了”不能放在数量词组的后面

当连动句中有“了”的时候，“了”不能放在数量词组的后面。

（1）* 我昨天去电影院看一个电影了。

（2）我昨天去电影院看了一个电影。

上面这个连动句中第二个动词“看”后边带了数量词组“一个电影”。

（五）连动句的基本格式

按照动词 1 和动词 2 的语义关系分：

动作 1——动作 2（前后）

基本公式：主语——动作 1——动作 2

他　　关掉电视　　睡觉了

玛丽　站起来　　回答这个问题

动作 1——动作 2（目的）

基本公式：主语——动作 1——动作 2

杰克　　来北京　　学习汉语

我　　　去　　　　请他来

动作 1——动作 2（方式）

基本公式：主语——动作 1——动作 2

我们　　坐飞机　　去海南

张老师　骑自行车　上班

动作 1——动作 2（状态）

基本公式：主语——动作 + 着——动作 2

安妮　　哭　　着　　说

小明　　躺　　着　　看书

动作 1——动作 2（条件）

基本公式：主语——（没）有 + 宾语——动作 2

我们　　　　有　　时间　　准备比赛

巴特　　　　有　　能力　　得第一名

你们　　　　没有　理由　　拒绝这个请求

动作 1——动作 2（因果）

基本公式：主语——动作 1——动作 2

他　　　卖假货　　　被警察抓走了

孩子　　看见妈妈　　笑了

我们　　听了他的报告　感动得哭了

二、连动句的偏误分析

在对外汉语教学中，连动句不仅出现频率高，而且句式多种多样，留学生在连动句的习得过程中由于各种各样的原因出现了很多问题。这方面的研究成果集中在留学生对连动句的习得顺序研究；留学生在习得连动句时出现的偏误类型及原因分析。

汉语的动词连用由于缺少形态变化、特征标记及连接语素，使得各种动词连用形式非常相似。连动句的语序也是令外国学生颇感头痛的问题之一，连动句相对于单谓语句结构更为复杂，外国学生在学习中往往容易在动词的选取、组合及其他语法成分的排序等问题上出现错误。另外，由于在母语中找不到准确的对应形式，在应该使用连动句的场合，学生往往倾向于使用复句或其他形式来表现，或在习得过程中出现过度泛化，在不应使用连动句的场合过多使用连动句，造出不符合汉语表达习惯的句子，学生在习得过程中容易发生种种偏误。

如陈延河的《印尼语、汉语语序对比及印尼学生汉语学习中常见语序偏误分析》(2002)，在印尼语和汉语语序对比的基础上讨论了印尼学生连动句的语序错误。孙晓华(2008)在本体研究的基础上，对连动句的中介语语料(来自《南京师范大学汉语中介语偏误信息语料库》)和本族人语料进行了统计分析，对外国学生连动句习得情况做出系统性的分析和归纳；对外国学生偏误用例按照语法成分和偏误类型进行了分析，总结出学生易犯的错误及错误原因。

金菊花、鲁锦松(2012)认为韩国学生很难找到连动句在其母语中的对应形式，因此容易出现偏误。高级水平的韩国留学生在使用连动句时出现的偏误，主要表现为母语干扰和对目的语汉语的泛化，连动句语法形式和意义不明确，时态误用等。付银萍(2013)以《汉语水平等级标准与语法等级大纲》为参照，以初中级阶段泰国学生为研究对象，借助中介语语料库资源，搜集初中级阶段泰国学生使用连谓句的语料，并辅助以问卷调查，得出他们在习得汉语连谓句时所存在的偏误，并对这些偏误进行概括分析，探究其偏误的特点和原因，从而提出相应的教学建议。

(一)动作顺序颠倒

连动式以时序为其结构原则，但并非所有连动式的动词都有明显的时间顺序，大部分连动句是时序原则在概念、逻辑、认知等层面投射的结果，这就容易使学生在动词语序的理解上出现混乱，或受母语负迁移的影响，在动词的顺序排列上出现错误。高增霞（2005）认为，时序原则是连动结构的结构原则，但人们并不仅仅使用连动式来表达客观世界中时间上先后发生的几个动作行为，而是用来表达更为抽象的先后语义关系，即连动结构是对概念、逻辑、认知方式等先后顺序的临摹。连动句在概念上临摹时序原则，形成以下几种结构：序列动作、趋向—动作、工具—动作、对象—处置、处所—动作，构成连动句的几种主要语序类型。

（1）他来大连坐飞机。

改正：他坐飞机来大连。

（2）爸爸很生气听了他的话。

改正：爸爸听了他的话很生气。

（3）我问老师有几个问题

改正：我有几个问题问老师。

解析：连动句中动作1和动作2是两个连续发生的动作，一般来说一定先发生动作1，然后才发生动作2，所以它们的顺序不可以颠倒。例1是表示方式的连动句，“怎么来大连”，所以“坐飞机”放在“来大连”的前面。例2是因果关系的连动句，“很生气”是“听了他的话”的结果，所以“很生气”放在后面。例3是“有类”连动句，语序为“有+名词+动词2”。

综合以上分析，可以看出学生的错序偏误大多是由于不理解汉语连动式的正确语序，在面对“动词+宾语+动词”这种相对复杂的结构时不知所措，受母语负迁移或其他规则过度泛化而造成错误，还有一些偏误是由于学生对及物动词和不及物动词、离合词的离合规律等语法知识不熟悉造成的。

（二）成分位置错误

1.“了”位置错误

（1）爸爸去了北京出差。

改正：爸爸去北京出差了。

（2）我昨天去了超市买很多吃的。

改正：我昨天去超市买了很多吃的。

（3）玛丽去商店买了东西。

改正：玛丽去商店买东西了。

解析：连动句中，“了 1”，一般要放在动词 2 后面，而不是动词 1 后面。例 1“了 1”放在“出差”后；例 2 放在“买”后；例 3 有点特殊，“了”不是放在动词后，而是句尾。为什么呢？我们在前面“了”的专题讲解中其实提到过这个问题。“了 1”的位置还取决于宾语的性质，如果宾语是单个名词，那么“了 1”要放在该名词后，而不是动词后。如“他吃饭了”“* 他吃了饭”，如果后面还有后续句，则可以。如“他吃了饭就上课了”。详见前面“了”的讲解。

2. 状语位置错误

（1）张老师走路每天上下班。

改正：张老师每天走路上下班。

（2）玛丽站起来第一个回答这个问题。

改正：玛丽第一个站起来回答这个问题。

解析：连动句中，状语一般放在动词 1 的前面，而不是动词 2 的前面。

3. 动词形式错误

（1）妈妈点着头同意了。

改正：妈妈点头同意了。

（2）他拿书看呢。

改正：他拿着书看呢。

（3）爷爷每天走去公园。

改正：爷爷每天走着去公园。

解析：例（1）是误加“着”，“点头”和“同意”是互相补充的关系，并不强调“同意”的方式，也不是动作的正在进行，所以这里不用加“着”。例（2）“拿书”表示“看”的状态，即“怎么看”，所以表示动作状态时，一般要在前一动词后加“着”。例 3 表示“怎么去公园”，“走”表示动作的方式，如果是单音节动词则必须加“着”，表示状态，如果是双音节动词或动词后有附加成分，则不用“着”，如“爷爷每天走路去公园”“他骑车去上班”。

（三）语序混乱

连动句构句的一个重要原则是临摹性的时间顺序原则，即完全根据事件发生的先后顺序来造句。但是在许多情况下这种时间顺序并不明显，只是表现在逻辑、概念等认知层面上。再加上母语负迁移的影响，很多外国学生出现了词序混乱的现象。

（1）我想去游乐场玩和大家一起。

改正：我想和大家一起去游乐场玩。

解析：例1中，“和大家一起”是修饰谓语的，应该放在谓语的前面作状语。汉语里介宾短语一般来说都要放在主语后谓语前。

（2）我想借书到图书馆去。

改正：我想到图书馆去借书。或我想去图书馆借书。

解析：例2是将两个动作的顺序颠倒，先“到图书馆”，然后“借书”，两者构成目的关系。

（3）他们谈话着坐在咖啡馆里。

改正：他们坐在咖啡馆里谈着话。

解析：例3是学生经常出现的偏误，学生往往受到母语负迁移的影响，把表示处所的词语放在句末，这里“坐在咖啡馆里”表示“谈话”的状态，所以是要放在前面。“着”的位置错了，应放在动词后宾语前。

（4）你去找他什么地方？

改正：你去什么地方找他？

解析：例4也比较典型，学生往往把疑问代词放在句尾，这是目的语的过度泛化，因为最开始学习汉语时，老师常常讲到“主语＋动词＋疑问代词”这样的结构，这里“什么地方”对应的动词是“去”，所以应该还原到本来的位置。

根据以上对偏误用例的分析，可以看出外国学生在连动句语序、连动句的结构完整性、动词与宾语之间的限制与互选、VPI 与 VPZ 之间的关系、连动句的使用条件等方面存在偏误。其原因可归结为以下几点：

1. 对连句的结构和语义特点不够了解。

2. 对连动句各个组成部分之间的关系模糊不清。

3. 对连动句的使用特点缺乏认识，没有良好的汉语语感。

教师在教学中应针对这些问题，找到行之有效的教学方法。明确连动句结构与语义之间的对应关系，将连动句教学与学生交际需要相结合，培养学生的语感。

三、连动句的教学对策

相当一部分学者对对外汉语连动句教学问题进行了研究，在该领域比较早的研究成果有冈田文之助的《连动式的教学处理》（1989），文中对连动式的特征以及在基础阶段 6 种连动句式类型的教学作了介绍，目的在于使教学能够与学生基础阶段整个汉语水平相适应，让学生在习得过程中能轻松些。近年来，随着对外汉语教学的蓬勃发展，汉语国际教育的推广，很多学者结合对外汉语教学实践，针对不同母语习得者运用很多教学案例、语料采用调查研究、对比分析的方法，进行教学策略的研究。如孙红娟的《初级水平韩国留学生连动句教学的研究》（2005）对连动句在韩语中的对应形式及外国学生中常见的集中偏误进行了讨论，在此基础上提出了针对初级阶段韩国留学生连动句教学的建议。孙晓华（2008）在比较的基础上，运用统计分析法对连动句习得难度进行分级，并通过习得顺序与教材大纲中连动句语法项目编排情况的比较，提出连动句教学方法与分级建议。金菊花、鲁锦松（2012）对汉语连动句与韩国语的对应关系进行了归类，得出不同语义关系的连动句在韩国语中的表达形式，并提出了针对高级水平韩国留学生的连动句教学方案。程文文（2012）的《对外汉语教学下的连谓句研究》分别从连谓句的句法结构、语义和语用等方面对外国学生习得连谓句的偏误进行分析，并结合教学经验和成果，给出了连谓句的教学建议。

（一）重视习得顺序

以习得顺序理论为依据，国内已有不少学者就对外汉语教学语法项目的习得顺序展开了卓有成效的研究，如施家炜（1998）、吕文华（2002）、周小兵（2004）、卢福波（2005）等。习得次序能够对语法教学产生影响，语法教学的次序应该遵循这种次序，顺应语言学习规律，才能取得好的教学效果。

《高等学校外国学生汉语言专业教学大纲》中的连动句语法点设置介绍：这部大纲在一年级语法项目表第五项的“几种特殊的句式”中列出了连动句：

（三）连动句

1. 表示动作先后进行

推开门进去了

吃完饭去机场

2. 第二个动词性短语表示目的

我们班去参观

去看了一个生病的同学（动态助词“了”只用在第二个动词后）

3. 第一个动词性短语表示方式

走着去

躺着看书

用红笔改作业

教学语法项目序列：

连动句 1：表目的

连动句 2：表动作先后

连动句 3：表方式

连动句 4：表伴随动作

此后在二年级的“几种特殊的句式”中继续解说连动句：

1. 前一个用肯定形式，后一个用否定，来共同说明一个事实。

他们抓着我不放

车停在那儿没走

2. 前一个动词为“有”或“没有”，“有”或“没有”的宾语也是后一个动词的受事。

星期日我在家没事干，你来坐坐吧！

这样，他就没有什么话可说了。

放假以后你有小说看吗？

四年级中提到了兼语句与连动句的套用：

1. 先兼后连

他叫车队的司机立刻开车去接他们

2. 先连后兼

我有个想法可以说给大家听听

李德津等主编的《现代汉语教程·读写课本》第一册第二十一课给出了连动句的定义：由两个或两个以上动词同时充当谓语，连续说明同一个主语的动谓名，叫连动句。所举例句如：

他去参观

我们坐飞机去上海

并进一步指出：“连动句的否定形式一般是在第一个动词前加不定副词。如：他不去参观、不坐汽车去故宫。第一个动词为“来”“去”的连动句，用正反式提问时一般并列第一个谓语动词的肯定式和否定式。举例如：

阿里来不来学习？

你去不去北京饭店吃饭？

李晓琪等编著的《新汉语教程》对连动句的介绍注重了阶段性，第一册第七课、第十五课、第二十一课分别出现了连动句的语法项目，分别为：

第七课一连动一：去 +V（O）

第十五课一连动二：第二个动词表目的，举例如：

我上楼见见他

他到中国学习汉语

张新找系主任帮助他

第二十一课一连动三：V（O）+ 来 / 去

到中国来，到银行去

孙晓华（2008）认为这部教材中出现的连动句语法项目也比较少，从教材的设置情况来看，连动句的语法项目设置远远不足。教材的设置可能与所选课文内容有关，由于内容中没有出现相应句式，课后的语法点就不会编排与连动式相关的内容。编排者应围绕大纲中提到的句式，丰富连动句语法教学内容，注意按层级合理安排教学顺序，充分讲解连动句的结构和语义特点，帮助学生加深对连动句的理解与掌握。

（二）加强理论学习，提高教师素质

有些留学生在习得连动句时出现的偏误主要是由于对连动句的本体知识了解太少，或者教师对连动句知识的讲解或训练、引导出现了失误，教师的教授内容直接影响到留学生对语言的掌握程度。这就要求教师在对连动句的基础知识的讲解上需要有较高的精准度，对连动句的基础知识有很准确的理解。

作为一名对外汉语教师，要对自己所教授的内容作深入理解，不断提高自身专业知识的修养，尽力保证教授给学生的知识是正确的，更多地关注汉语本体知识的理论发展，在先进理论的基础上根据留学生的不同程度和特点调整自己的教学内容和方法，提高教学水平。另外，在教材的使用方面，教师们要适当地对教材内容进行增加和删减。比如，《发展汉语》这本教材中对语言点的讲解也都有英文的讲解。教师并不能把所有的语言点讲解重点放在这些英文解释上，要用学生能够理解的汉语教学语言讲解，采用适当的举例，简化讲解过程。或者教师要针对学生的学习程度使用教学用语，如果用更加烦琐的释义去解释一个简单的语言点，那就失去了讲解的意义了。只有做到根据实际情况调整自己的教学内容和方法，才能真正做到讲解准确。

丁鑫（2014）在连动句的对外汉语教学中，教师应该从句子的语法、语义、语用三个角度来介绍。教师要强化连动句式的结构形式教学，综合运用图示法、归纳法、演绎法、联想法、对比法和演绎法等多种适合语法教学的方法。教师一定要多举例子，包括正例和反例，同时也应该尽可能简明生动地解释

句义，让学习者理解该句式的用法，并且从中对比总结出规律。教师要从交际的需要出发，培养学生对连动句的汉语语感。最好要创造一种“情境化”的教学模式，让学生在这种形式下多进行实际交际，这样才能更好地掌握特殊句式。

此外，教师需要在教材的基础上对不同程度、不同国家的学生进行有效教学，但有些教师能动性较低，完全依赖于教材，没有根据学生的实际水平或母语语言系统来调整教学内容，只顾省时省力而使教学质量整体降低。教师应该熟练掌握教材，在总结教材内容的基础上，对所教授的语法点进行归总，提高教学效率和效果。

教师具备教学能力是教学的前提，教学能力是对外汉语教师要具备的专业技能，而语法能力是对外汉语教师教学能力的重要组成部分。除了汉语本体知识外，教师还要掌握相关的第二语言教学理论，提高自己的理论水平。

（三）正确对待学生偏误，灵活调整教学策略

学生产生的偏误不仅具有普遍性，还有特殊性的存在，即使是同一个国家的留学生们也会出现不同的偏误。因此，教师对留学生的偏误也是极难预料的。鲁健骥（1987）指出：“教师在课堂教学和教材中对词语加英文释义时有一种简单化的倾向。”其基本意思就使教师在向学生解释词语时会用自身知道的英文直接翻译给学生。在语法教学上也存在这样的现象，教师用简单英文把语法现象翻译出来进行教授。然而，不以英文为母语的留学生，其母语语言系统往往与英文不同，用简单的英文翻译出语法现象，这就使特殊的汉语语法现象被普遍的简单英文翻译所代替，留学生在理解上就不免会有偏差，产生不同形式的偏误。

付银萍（2013）认为学生常常出现的连谓句的偏误很大程度上是对于内部词语的应用规则不熟，比如及物动词与不及物动词的区别，动态助词“着、了”的位置等。但有些老师在教学中，着眼点仅放在动词上，不注意连谓句中与动词相关成分的讲解和分析，而这些相关成分的使用规则，往往造成连谓句的偏误。

王清青（2016）根据渤海大学中级阶段留学生习得连动句的偏误类型和原因，从对外汉语教学角度出发，就对外汉语教学中的连动句教学提出了合理建议。教师们应根据自身教学经验和学生的个体因素合理地进行教学实践的调整，“因地制宜”才能提高教学效果和水平。

王清青认为在教授留学生的过程中，教师需要不断总结教学经验，针对不同程度、不同国籍、不同特点的留学生，预测出学生可能会出现的偏误，针对不同学生可能出现的偏误类型，运用不同的教学方法，设计出不同的教学方案，从而从源头上避免留学生偏误的出现。这就要求教师在教授留学生的过程中能够做好教学记录，对不同类型、不同程度的学生的偏误进行记录，同一水平或同一国籍的留学生的偏误具有普遍性，经过教学经验的积累，教师需要认识到留学生常出现的偏误类型，准确预测留学生的习得偏误，针对不同类型的偏误对留学生进行正确的引导和纠正。

（四）加强对比分析，预测教学难点

语言对比应用于第二语言教学之中，可以帮助教师寻找学生母语与目的语之间的不同，从而预测学生学习的重点与难点，做到有针对性的教学。

付银萍（2013）指出：“汉语的连谓结构与泰语相比，仅在含有动词重叠式和第一个动词为单音节动词方面无对应形式，而这也是学生易出现偏误的地方。学生对于连谓句的偏误主要出现在词语的错序和遗漏两大类型，基于此，教师在授课之时，要有意识地对这几个方面多进行讲解与操练，帮助学生学习和掌握这一不同点，争取在运用连谓句之前，将这种潜在的偏误加以排除。”

王友栋（2016）指出，教师把汉语和韩语两种语言进行对比，找出其中的不同点，把这些不同点作为学生的偏误点。王文提到韩国留学生受母语负迁移造成的偏误主要是语序偏误。汉韩两种语言的语序不同，受母语的影响，学生会造出这样的句子：

（75）我上次中国去学习时，我特别想将来在社会上站住脚让你们喜笑快乐。

例（75）中的的语序“中国去学习”是错误的，韩国留学生造出这样的偏误句是受韩语语序的影响，所以通过外部对比可以提前预测学生可能产生的偏误，从而在教学中就可以抓住重点，强调汉语的语序“主语＋谓语＋宾语”，“去中国学习”才是正确的。

参考文献

[1] 齐沪扬:《对外汉语教学语法》，复旦大学出版社 2005 年版。

[2] 盛炎:《语言教学原理》，重庆出版社 1999 年版。

[3] 范晓:《动词的配价与汉语的把字句》，《中国语文》2001 年第 4 期。

[4] 龚千炎:《读吕文华〈对外汉语教学语法探索〉》，《中国语文》1994 年第 4 期。

[5] 侯友兰、徐阳春:《“V1 着 V1 着……V2……”句式语法语义分析》，《语言教学与研究》2002 年第 5 期。

[6] 卢福波:《对外汉语教学语法的体系与方法问题》，《汉语学习》2002 年第 2 期。

[7] 卢福波:《谈谈对外汉语表达语法的教学问题》，《语言教学与研究》2000 年第 2 期。

[8] 吕文华:《对〈语法等级大纲〉（试行）的几点意见》，《语言教学与研究》1992 年第 3 期。.

[9] 张伯江:《汉语的句法结构和语用结构》，《汉语学习》2011 年第 4 期。

[10] 周国光:《现代汉语里几种特别的连动句式》，《安徽师范大学学报》1985 年第 3 期。

[11] 李勉东:《现代汉语语法研究》，东北师范大学出版社 2003 年版。

[12] 宋玉柱:《也谈“连动式”和“兼语式”——和张静同志商榷》，《郑州大学学报》1978 年第 2 期。

[13] 沈开木:《连动句及其归属》，《汉语学习》1986 年第 5 期。

[14] 王福庭:《连动式还是连谓式》，《中国语文》1960 年第 6 期。

［15］朱德熙：《语法讲义》，商务印书馆 1982 年版。

［16］张志公：《张志公文集汉语语法·汉语语法常识》，中国青年出版社 1953 年版。

［17］赵元任：《国语语法》，学海出版社 1981 年版。

［18］吕叔湘：《汉语语法分析问题》，商务印书馆 1979 年版。

［19］李临定：《现代汉语句型》，商务印书馆 1986 年版。

［20］冈田文之助：《连动式的教学处理》，《世界汉语教学》1989 年第 3 期。

［21］逄新红：《连动句教学方法谈》，《天中学刊》1999 年第 1 期。

［22］孙红娟：《对初级水平韩国留学生连动句教学的研究》，《语言文字应用》2005 年第 1 期。

［23］金菊花、鲁锦松：《高级水平韩国留学生汉语连动句教学研究》，《汉语学习》2012 年第 4 期。

［24］吴启主：《教学语法丛书·连动句兼语句》，人民教育出版社 1990 年版。

［25］刘珣：《对外汉语教育学引论》，北京语言大学出版社 2000 年版。

［26］鲁健骥：《外国人学汉语的语法偏误分析》，《语言教学与研究》1994 年第 1 期。

［27］鲁健骥：《外国人学汉语的词语偏误分析》，《语言教学与研究》1987 年第 4 期。.

［28］程文文：《对外汉语教学下的连谓句研究》，《山东师范大学硕士论文》2013 年。

［29］付银萍：《初中级阶段泰国学生汉语连谓句习得偏误分析》，《广西民族大学硕士论文》2013 年。

［30］孙晓华：《现代汉语连动句及其习得研究》，《南京师范大学硕士论文》2008 年。

［31］丁鑫：《对外汉语中的连动句式教学》，《文教资料》2014 年第 36 期。

［32］王清青：《留学生作文中汉语连动句偏误分析——以渤海大学中级阶段留学生为例》，《渤海大学硕士论文》2016 年。

[33] 高增霞:《连动结构的隐喻层面》,《世界汉语教学》2005年第1期。

[34] 高增霞:《现代汉语肯否连动句式考察》,《学术探索》2005年第5期。

[35] 刘街生:《兼语式是一种句法连动式》,《汉语学习》2011年第1期。

[36] 卢福波:《对外汉语教学基本句型的确立依据与排序研究》,《语言文字应用》2005年第4期。

[37] 吕文华:《对外汉语教材语法项目排序的原则及策略》,《世界汉语教学》2006年第4期。

[38] 彭国珍、杨晓东、赵逸亚:《国内外连动结构研究综述》,《当代语言学》2013年第3期。

[39] 沈双胜:《汉语中的连动谓语及其汉英对应表达》,《太原师范学院学报(社会科学版)》2003年第4期。

[40] 王姝:《连动结构紧缩与动词词义增值》,《世界汉语教学》2012年第1期。

[41] 肖奚强:《略论偏误分析的基本原则》,《语言文字应用》2001年第1期。

[42] 谢福:《汉语二语学习者重动句偏误分析及其教学策略》,《语言教学与研究》2015年第2期。

[43] 王友栋:《韩国留学生连谓句偏误分析与教学建议》,《鲁东大学硕士论文》2016年。

第八讲

兼语句

对于兼语句是否应该作为现代汉语语法中的一种特殊句式独立出来，国内学界一直以来都存在着相当大的争议。大部分学者对于这个问题持肯定的观点，认为兼语句是汉语中的一种特殊句式，有必要将兼语句独立出来进行研究，不然汉语语法中的一些问题就得不到合理的解释。这种观点也是目前学界的主流观点，大多数专著和论文都持这种观点。北京语言学院句型研究小组《现代汉语基本句型》（1989）、范晓《三个平面的语法观》（1998）、张斌《简明现代汉语》（2004）、周一民《现代汉语（修订版）》（2006）、李临定《现代汉语句型（增订本）》（2011）都直接或间接地肯定了兼语句在现代没语语法中的独立性，甚至还出现了专门研究兼语句的著作，例如邢欣的《现代汉语兼语式》（2004）。当然，还有部分学者根据自己的研究，从不同的角度提出兼语句不能从汉语语法中独立出来的观点，认为将兼语句独立出来没有实际性的意义，对于所谓的兼语句可从不同的语法角度进行划分，将不同类型的兼语句归纳到其他已经存在的句型结构中。

兼语句是兼语短语充当谓语的句子，是句中某一部分同时兼有两种不同的语句成分。一个述宾短语和一个主谓短语套叠在一起，而且述宾短语中的“宾语”兼作主谓短语的“主语”，这样的短语叫作兼语短语。由兼语短语充当谓语的句子称作为兼语句。由于这种句子的形式与其他句子不同，兼语句可算是现代汉语中比较特殊的一种句式，在关于现代汉语的各类语法书和教科书中被多次讨论，在对外汉语教学中也被列为一个重要的语法点。

前面我们讲过的“这件事使我很高兴”（致使类）、“他叫我明天去”（使令类）都是兼语句的一种。“我”既是“使、叫”的宾语也是“很高兴、明天去”的主语。汉语里除了这样的兼语句外，还有很多。如“我请他吃饭”，“请他”是述宾短语，“他吃饭”是主谓短语”，由述宾短语和主谓短语连在一起使用的短语叫兼语短语，这样的句子就叫兼语句。“他”既是“请”的宾语，也是“吃饭”的主语，我们把像“我”“他”这样的词语叫作“兼语”。

一、兼语句的语法特征

任何一个句子，都应该是包含句法、语义、语用三个层面，这三个层面如果去掉任意一个就不完整了。我们主要通过对句子进行句法分析来研究句法中的句法平面。对句子进行句法分析，首先要对句法结构内部的构成成分之间的关系进行分析。目前比较一致的看法认为一个动宾短语和一个主谓短语套在一起组合构成了兼语句，其中动宾短语的宾语兼作主谓短语的主语，我们把这种结构记为：N1+V1+N2+V2。N1 和 N2 属于体词性词语，由名词和词语组成。V1 和 V2 属于谓词性词语，除了由动词充当之外，还可以是主谓短语、状中短语和形容词等。其中，根据说话的习惯,N1 在某些场合可以省略。

（一）兼语句的结构特点

《实用现代汉语语法》对兼语句的语法特征介绍比较简单，主要包括语音停顿，第一个动词后面是否可带“了”“着”“过”，以及可充当兼语的成分三个方面。《对外汉语教学语法》详细介绍了兼语句的结构方式，着重介绍兼语句“谓语”和“兼语”的特点、两个谓语动词的关系、兼语句中谓语使用的八个特点，以及可充当兼语的成分。《对》还指出语音停顿应该在兼语后面，而不是第一个动词后面；兼语第一个动词后一般不能带“了”“着”“过”，同时举例说明例外的情况。另外，兼语句的否定式、无主语兼语句的否定形式、否定副词的位置等都有详细的介绍。

《实》和《对》两书中，对兼语句语法特征的介绍，对我们实际教学有很好的指导作用，特别是《对》中的详细讲解方法很值得借鉴。在实际教学当中，这些语法特征不能一次性灌输给学生，应该根据学生的掌握程度分层次教学。当学生掌握一定规则之后，应注意帮助和引导学生归纳总结，这样才能使学生对兼语句语法特征的掌握更准确、更全面。

参考相关学者的观点，我们认为兼语句的结构特点如下：

1.谓语中有兼语成分，这个兼语成分与V2是施——动关系，V1 V2不共主语。

（1）妈妈哄孩子吃饭。

（2）有人找你。

（3）求她帮我们忙。

上述兼语句区别于连动句，比较如下：

（4）妈妈抱着孩子吃饭。

（5）有人不方便。

（6）求着她说。

2.兼语一般是施事。

（1）我有一个朋友想见你。

（2）嫌这个地方脏。

上述兼语句区别于连动句，比较如下：

（3）我有事情跟你商量。

（4）嫌脏换个地方。

3.V1大部分为使令意义的动词。

（1）公司派他去北京出差。

（2）大家选他当代表。

上述兼语句区别于主谓短语作宾语句，比较如下：

（3）公司希望他去北京出差。

（4）大家同意他当代表。

（二）兼语句的分类

根据兼语句的定位，不同学者按照不同的标准将兼语句划分为不同的类型，对兼语句做出更深一步的理论研究。邢欣（1984）从转换生成语法的角度出发，根据兼语句内部结构的组合关系将兼语句分为四种不同的类型。范晓（1996）以三个平面语法理论为基础，将能做兼语句动词V1的动词分为要求类、派遣类、培养类、陪同类、交给类、喜欢类、称呼类、有无类八类，相应地将兼语句分为八大类。同时，范晓强调这种对兼语句动词 V1 的分类只是大致性的分类，不能概括所有的兼语句动词。转换生成语法和三个平面语法理论为兼语句的类型划分提供了参考性的依据和标准，但国内学者大多根据动词 V1 在兼语句中的作用、意义等情况，对兼语句的类型进行划分。崔应贤、盛永生（1990）将兼语句分为使令型、导引型、选认型、存现型。游汝杰（2002）将兼语句动词 V1 分为十一类：使令、命令、劝令、委托、提供、推举、协同、协助、跟随、喜恶、有无，对应地把兼语句分为十一类。黄锦章（2004）将兼语式大致分为纯兼语式、操作型兼语式和指示型兼语式。朱楚宏（2014）将兼语句分为使令型、爱恨型、选认型、有无型、判定型、存在型、双宾型和补充型，强调这种分类只是列举，不是严格的逻辑分类，可能出现相互包容的语法现象。

不同的学者按照不同的标准对兼语句进行类型划分，但是从总体上来说，大部分学者都是根据兼语句结构中第一个动词 V1 在整个句子中的意义，对兼语句进行分类。这就使得在兼语句不同标准的分类中，又有一个比较常用的分类标准。尽管不同的学者对于兼语句的分类有不同的看法，但是有一些兼语句类型还是值得我们肯定的，例如使令类、邀请类、有无类、陪同类。这里我们参考李勉东（2003）的观点，将兼语句分类如下：

1.V1 表使令义：V2 是 V1 的结果或目的。这类动词常见的有：使、叫、让、请、派、催、逼、求、托、命令、动员、发动、组织、号召等等。

（1）我们请王老师做讲座。

（2）学校组织大家去社区进行志愿者活动。

（3）我求你帮个忙。

（4）上级号召我们多做义务活动。

2.V1 表赞许或责怪义，V2 表赞许或责怪的原因。动词有：爱、夸、称赞、喜欢；嫌、恨、怪、怒、骂、指责、批评、讨厌。

（1）我们喜欢王老师幽默。

（2）都怪你乱说话。

（3）父亲批评儿子不好好学习。

（4）我们讨厌他抽烟。

3.V1 表交接义（给予义），有的含双宾语。

（1）爷爷讲给我一个故事听。

（2）给你钱花。

（3）借钱给他炒股。

（4）这些事交给我做。

4.V1 表承谢义。“感谢、多谢”等。

（1）多谢你耐心地指导我。

（2）感谢你能出席今天的开业典礼。

5. 祝愿义：祝、愿、恭喜、庆祝。

（1）祝你取得好成绩。

（2）恭喜你考上理想的大学。

6.V1 是“有”。

（1）有人找你。

（2）有朋友来了。

7.V1 是“是”（非主谓句）。

（1）是我的话警醒了你。

（2）都是我不好。

（三）兼语句谓语动词之间的关系

1. 兼 3 语的谓语表明前一动作要达到的目的、产生的结果。

（1）山本请你教汉语。

（2）妹妹求姐姐给她买吃的。

2. 前一个谓语是动词“有”，兼语的谓语（动词或形容词等）说明前一个谓语的宾语（兼语）“做什么”或“怎么样”。

（1）玛丽有朋友来找他。

（2）没有人通知我。

3. 前一个谓语是动词“是”，兼语的谓语动词起解释说明的作用。

（1）是她捐助他 2000 元钱。

（2）是安东安排这次聚会。

（四）兼语句与其他句式的区别

兼语句的格式是：我派他去。N1 + V1 + N2 + V2

有的句式的格式与此相同，如连谓句、主谓作宾句、个别复句。

1. 连谓句与兼语句

（1）玛丽坐高铁去。N1 + V1 + N2 + V2（连谓）

区别：第一，连谓句中 V1 V2 共 N1 作主语；兼语句 V1 V2 不共主语；第二，兼语句的 N2 一般为施事、表人，能发出 V2 来。

有时候，一个句子的谓语部分可以既出现连动短语，又出现兼语短语，从而组成更为复杂的谓语。例如：

（2）老板派我去上海购买设备。

这种情况可以称作为连动短语和兼语短语的套用。

那么，如何确定是连动短语套用兼语短语呢，还是兼语短语套用连动短语，主要看句子中谓语部分第一层关系是什么。如果第一层关系是连动短语，整个句子就是连动短语套用兼语短语，属于连动句；如果第一层关系是兼语短语，整个句子就是兼语短语套用连动短语，属于兼语句。

2. 主谓短语作宾句与兼语句

（1）学生想张老师给大家作报告。N1 + V1 + N2 + V2（主谓作宾句）

（2）学生请张老师给大家作报告。

区别：第一，“主谓作宾句”可以在 V1 后停顿或插入状语，兼语句不可以。

第二，第一个 V1 动词及其所支配的对象不同。兼语句第一个动词 V1 大多表使令义，它的支配的对象是兼语（表人）；主谓作宾句 V1 一般是“想、希望、同意、知道、认为”等表心理活动动词或“听见、看见”等感官动词，或者是“证明、表明、说明、标志”等评议性动词，它所支配的对象是一件事，即整个主谓短语。

试区分：

（3）学校要求我们好好准备这次汉语演讲比赛。（兼语）

（4）老师看见孩子们偷偷地吃东西。（主谓作宾）

（5）公司派老王去北京出差。（兼语）

（6）公司同意老张辞去总经理一职。（主谓作宾）

（7）学生邀请孙老师给大家做示范课。（兼语）

（8）老师希望同学们好好准备这次考试。（主谓作宾）

兼语句的第一个动词往往是具有使令意义的动词，带主谓短语作宾语的动词一般是认知、感知意义的动词。

此外，郑建娇（2012）谈到：《实》中只将“兼语句”与主谓短语为直接宾语的“双宾句”作对比，以提问方式不同为区分，兼语句中兼语后的成分用“干什么”提问，双宾句中的直接宾语用“什么”提问，另一区别是双宾语的直接宾语可以提到句首，而兼语句的主谓短语不能提前。《对》中只区别“表称谓或认定义”这一类兼语句与双宾语的不同，认为“我们叫小陈经理”是双宾语，而“我们叫小陈为经理”是兼语句。

3. 复句与兼语句

（1）他有个弟弟，考上了大学。N1 + V1 + N2 + V2（复句）

（2）他有个弟弟考上了大学。

区别：有逗号隔开，是复句。

（3）我有事跟你商量。（兼语句）

（4）我有件事情，想跟你商量。（复句）

4. 紧缩句与兼语句

（1）打死我也不道歉。

（2）你打死我也要跟他一起走。

（3）骂他也不还口。

（4）欺负我不能便宜他。

上述句子虽然也是“Vp1+Np+Vp2”排列序列，但隐含条件是假设关系，和兼语句不一样，因而是紧缩句，不是兼语句。

（五）兼语句的基本结构

《实用现代汉语语法》与《对外汉语教学语法》两书中，对兼语句的定义表述基本相当，但介绍方法上有些不同。《实》中以“你请他来”为例，说明“他”是动宾短语“请他”的宾语，又是主谓短语“他来”的主语，“他”是兼语，这样的句子就叫兼语句。而《对》中用“兼语短语”这一概念来解释，把两个短语套叠作为兼语句形式标志，通过图示和公式来说明名词兼有宾语和主语的双重身份，并用语义上的施事受事关系指出动词 1 和动词 2 之间的因果或目的关系。兼语句是汉语的一种特殊句式，是现代汉语中使用频率很高的一种句型。”汉语里除了使令类兼语句以外，还有很多种。我们一一介绍。

Ⅰ致使类：

基本结构 1：主语 1+ 使、叫、让 + 兼语 + 谓语

他的话	使	我	很失望
他的眼神	叫	我	非常紧张
地震	使	中国	遭受了巨大的损失
洪水	使	很多人	无家可归

基本结构 2：主语 1+ 使得、促使、迫使 + 兼语 + 谓语

你这样做	使得	大家	很为难
这件事	促使	他	有了紧迫感
这个困难	迫使	他	放弃生意

主语 1 大多表示事物，该事物致使兼语出现怎么样的结果，也就是说主语 1 和后面的主谓短语构成因果关系。都可变成：因为 + 主语 1+ 所以 + 主语 2+ 谓语。而且多表示客观的和自然的结果，具体可参看前面第三讲“使（令）字句”。

Ⅱ命令类

基本结构：主语 1+ 叫、让、请、派 + 兼语 + 谓语

老师	叫	玛丽	去学校
爸爸	让	我	早点回家

我们 请 老师 参加晚会

公司 派 小李 出差

具体分析可参看第四讲“叫（让）句命令义”部分。用于表示命令义的兼语句中的动词常见的还有：“吩咐、打发、催、要”等。如“老板吩咐我去大连要货”“妈妈打发我去奶奶家看看”“班长催我交作业”“玛丽要我给她请假”。

Ⅲ允许类

基本结构 1：主语 1+（不）+ 允许、容许、准许、许、准 + 兼语 + 谓语

学校 不 允许 我们 住在校外

法律 不 容许 这种事情 发生

谁 准许 你 进来的

妈妈 不 许 我 早恋

爸爸 不 准 我 出去玩

基本结构 2：主语 1+ 禁止、阻止 + 兼语 + 谓语

学校 禁止 学生 吸烟

父母 阻止 他 这样做

注意：很多留学生把“可以”也当作这一类词语，所以常常说“* 妈妈不可以我出去玩”“* 老师可以我坐在这儿”这样偏误的句子。“可以”是能愿动词，必选放在其他动词前面，不能单独作谓语。

Ⅳ称说类

“称说类”兼语句包括两个表义，一是“称谓”义，多用表示称谓的动词，如“称、叫、骂”等。二是“认定”义，多用表示认定意义的动词，如“认、选、推选”等。兼语后面的动词多为“做、为、当、是”之类的词。因此有一些固定的句式，常用的有：“认……为（做）……”，“叫……做……”，“称……为（做）……”，“选……为（做）……”。

基本结构 1：主语 1+ 称、叫、骂 + 兼语 + 为、是 + 宾语

我们 称 玛丽 是 中国通

学生 称 我 为 孙老师

我们　叫　　　　他　　　　老张

大家　骂　　　　他　是　　王八蛋

基本结构 2：主语 1+ 选、推选、认 + 兼语 + 当、为、做 + 宾语

我们　选　　　　巴特　当　　　班长

大家　推选　　　李老师 为　　　教师代表

老张　认　　　　他　　做　　　干儿子

Ⅴ有无类

包括两类，一是表示“有”的，典型动词是“有”。二是表示“无”的，典型动词是“没有、无”。在这种兼语句中，兼语多表示存在的人或事物，兼语的谓语是说明或叙述描写兼语的。兼语所表示的人或事物都是不确指的，因而不能用“这个、那个”作宾语中心语的定语，只能用“一个、几个、很多、一些、多少”等作其定语。或者单独的名词，如“人”等。

基本结构 1：主语 1+ 有 + 兼语 + 谓语

我　　有　一个姐姐　在大连学习

我　　有　很多朋友　会说汉语

这类兼语句更常见的形式是非主谓句，即“有”的前头没有主语。

有 + 兼语 + 谓语

有　人　　找你

有　只小狗　在叫

基本结构 2：主语 1+ 没有 + 人 + 谓语 = 没有 + 人 + 谓语 + 主语 1

这件事　没有　人　知道 = 没有　人　知道　这件事

这样的人　没有　人　喜欢 = 没有　人　喜欢　这样的人

主语 1+ 无 + 人 + 谓语 = 无 + 人 + 谓语 + 主语 1

我的感受　无　人　在乎 = 无　人　在乎　我的感受

这只小狗　无　人　照顾 = 无　人　照顾　这只小狗

Ⅵ好恶类

这种兼语句的第一个动词多是表示心理活动的动词，如“喜欢、讨厌、爱、恨、赞扬、原谅”等。兼语的谓语表示主语具有某种心里活动的原因或理由。

基本结构 1：主语 1+ 喜欢、爱 + 兼语 + 谓语

男朋友	喜欢	她	性格好
我	爱	他	善良

主语 1+ 讨厌、恨 + 兼语 + 谓语

我	讨厌	他	抽烟
女朋友	恨	他	变心

二、兼语句的偏误分析

近年来，关于第二语言习得的研究逐渐成为汉语国际教育研究中的热点，引起了国内学者的关注。有关兼语句习得研究的文章大都以语料库或者某个国家、某种母语的外国留学生的偏误语料为基础，运用偏误分析的方法，归纳留学生兼语句习得偏误的类型，总结习得规律和偏误原因，从而为促进兼语句的国际汉语教学提出一些改进性的建议或策略。随着国外偏误分析理论和中介语理论的传入，国内学者开始运用偏误分析理论和中介语理论对留学生汉语兼语句的习得、偏误和教学进行研究。同时，国内各个中介语语料库的建立也为兼语句的习得、偏误和教学研究提供了进一步的语料支持，尤其是北京语言大学“HSK 动态作文语料库”在偏误分析方面发挥着不可忽略的巨大作用。

北京语言大学语言教学研究所（1995）、施家巧（1998）、杨柳、程南昌（2008）、周文华（2009）等都是从汉语国际教育的角度出发，对留学生习得兼语句的情况进行研究。其中周文华（2009）先从初中高几种不同的学习阶段对外国留学生正确习得兼语句的情况作出详细考察，从成分的遗漏、冗余、错序、误用四个方面分析留学生习得兼语句的偏误情况。在此基础上，周文华提出三点教学建议：第一，对于兼语句的国际汉语教学，教学大纲和教材应该设置兼语句典型句式，进一步细化使令类兼语句的类别；第二，各种兼语句句式都可以在一年级教授，但要分为上下两个学期；第三，在兼语句的国际汉语教学中，教师要注重对兼语式动词及兼语句句法格式使用条件的讲解。

随着汉语国际教育的发展和第二语言理论的深入研究，国内部分学者开始转向汉语国际教育中留学生汉语习得的偏误分析研究。偏误分析理论并不是我国学者的原创，而是鲁健骥（1984）于20世纪80年代引进到我国第二语言研究学界。在文章中，鲁健骥对“中介语”和“偏误”两个基本概念做出概括性的解释，并从母语的负迁移、目的语知识的负迁移、训练问题等几个方面对外国人学习汉语时出现的语音偏误进行分析。之后，鲁健骥（1994）以偏误分析为理论依据，研究和归纳初次学习汉语的外国留学生在各种语法形式方面的偏误表现，并将留学生产生的偏误分为遗漏、误加、误代、错序四种基本类型。这就为后来国内学者运用偏误分析的方法研究偏误语料奠定了基础。

李大忠在《“使”字兼语句偏误分析》（1996）中搜集了来自英、俄、德、意、日、韩、泰、捷的具有中等以上水平的留学生使用“使”字句的实例，并进行了偏误分析。文中通过对不同国家的中级水平的留学生使用“使”字兼语句进行了举例，进而对其进行了偏误分类和偏误原因的分析。李玉菲的《外国留学生兼语句运用的偏误分析》（2010）借助三方面的语料对留学生的偏误情况进行了统计，发现学生的偏误类别可以分为五大类：成分遗漏、成分误加、成分错误、结构错误、错序，并在各类别分析中提出了造成偏误的可能原因。最后，对偏误原因分析和总结。从目的语、工具书、教材、教学四个方面探讨了偏误出现的成因。徐艳华、李连伟、鞠伟伟的《基于语料库的韩国留学生兼语句习得研究》（2016）以兼语句为例，对如何利用网络资源进行对外汉语教学做了尝试性探讨，对韩国留学生在汉语兼语句习得和使用过程中出现的主要问题进行了分析，概括出兼语句常见的六种偏误类型，统计出了六种类型偏误发生的频率，并进一步探求了韩国留学生习得兼语句的教学策略。

（一）状语的位置

（1）厂长请明天工人们看京戏。

改正：厂长请工人们明天看京戏。或厂长明天请工人们看京戏。

（2）大家推选巴特一致当班长。

改正；大家一致推选巴特当班长。

解析：一般来说，兼语句中动词和兼语结合得很紧，中间不能有语音停顿，也不能插进别的词语，例 1 中“明天”插在了动词“请”和兼语“工人们”中间，所以是不对的。如果“明天”指向“工人们”，则放在“工人们”后面，如果“明天”指向“厂长”，则放在“厂长”的后面。例 2 中“一致”很明显指向“大家”，所以，要放在“大家”后面，而不是兼语“巴特”后面。所以，兼语句中的状语成分（副词、能愿动词等）不能放在动词和兼语中间，要么是主语 1 的后面，要么是兼语的后面，这取决于状语的语义指向。

（二）“着、了、过”位置

（1）公司派了我去大连。

改正：公司派我去了大连。

（2）学校组织过我们看好几场电影。

改正：学校组织我们看过好几场电影。

解析：一般来说，兼语句第一个动词后不能带“着、了、过”，即使兼语句表示的动作正在持续、已经完成或曾经发生过。例 1 表示动作完成，“了”要放在“去”的后面。例 2 表示动作曾经发生，“过”要放在“看”的后面。但如果强调第一个动词是否发生，则特殊语境下也可以出现在前面动词后。如：

（3）公司派过我去大连，但没派过他去。

（4）学校确实组织过我们看电影。学校没组织过我们看电影。

当兼语是不确定的数量短语时，少数动词后可带“了”。如：

（5）我叫了两个人来陪我喝酒。

（6）公司派了一些人去处理这件事。

（三）否定形式

（1）他请我们没吃饭。

改正：他没请我们吃饭。

（2）爸爸让他不去，他偏去。

改正：爸爸不让他去，他偏去。

解析：兼语句的否定式一般是在第一个谓语动词前用否定副词“没（有）”或“不”，而不是把否定词放在兼语后的动词前。

在对留学生兼语句的偏误进行分析研究的过程中，部分学者开始针对某个国家的留学生进行研究，这些研究大都以汉字文化圈国家的留学生为研究对象。陈璐（2007）、刘明佳（2013）、李嘉玲（2013）分别针对韩国、日本、越南等汉字文化圈国家的留学生进行兼语句的偏误分析和习得研究。例如，陈璐主要针对韩国留学生学习“被”字句和兼语句的情况进行比较研究，主张加强“被”字句和兼语句的理论和个案研究，从总体设计、教材编写、课堂教学、练习设计等方面对兼语句的教学提出建议。值得往意的是，部分学者还从母语角度对留学生习得汉语兼语句的过程进行研究。王卓（2011）以英语为母语的留学生作为研究对象，对其习得几种汉语特殊句式的情况进行分析，从教师的角度对汉语特殊句式的教学提出建议。

三、兼语句的教学对策

周叶（2016）指出：汉语国际教育中兼语句的教学研究主要包括教材研究和教学法研究两个方面。郑建娇（2012）从教材的角度对兼语句的国际汉语教学进行研究，通过对比《实用现代汉语语法》和《对外汉语教学语法》中对兼语句处理的异同，从国际汉语教学实际出发，对兼语句教学提出一些看法和建议。首先，郑建娇提出在实际教学过程中，教师可以用公式法介绍兼语短语的基本结构，清楚地解释兼语式短语兼有宾语和主语的双重身份。其次，在兼语句实际教学中，教材的编者应该遵循渐进式的教学策略，同时还应根据不同类型的兼语句在第二语言交际中的使用频率，对兼语句中的典型类型进行重点讲解，让学生能够在交际中正确使用兼语句。

另一方面，也有学者从教学法的角度对兼语句的国际汉语教学进行研究。张新明的《对外汉语教学中引导留学生产生出“使”字兼语句的教学策略》（2002）一文着重分析了影响或干扰留学生产生“使”字兼语句的诸多因素，主要是由汉语教材中对于“使”字句的形式特点、语义功能以及使用语境提及过少，和留学生的汉语学习经验的影响造成的，并且提出了三种教学策略，分别是追问显现策略、近义词语对比策略和突出语用功能策略。王丽香、姜海陵（2004）通过对兼语句进行语音切分的研究，从语音层面对兼语句的国际汉语教学提出参考性建议，这可以说是国际汉语教学研究上的一种创新。郑巧（2011）通过比较兼语句和几种相似句型之间的异同，重点介绍了对比教学法在区分兼语句和其他相似句型之间的重要作用，倡导在兼语句的教学中使用对比教学法。李春艳（2011）通过对蒙古国留学生习得汉语兼语句情况的研究，提出从意义到形式、形式、意义和语用功能相结合、结合语言的主观性等几种教学策略。

（一）教材与大纲编写有待加强

我们选取比较有代表性的汉语教材：《新实用汉语课本》和《汉语教程》，对教材中出现的兼语句进行描写。

《新实用汉语课本》课文例句：

“晚上我们请你和你朋友吃饭。”

英语释义：“请……吃饭”means “to invite someone to dinner（or lunch）”。（《新实用汉语课本》第一册第十三课）

《汉语教程》课文例句：

“我打算请老师教京剧。”

“想请一个老师教我。”

“老师，让我先说吧。”

“公司派我来中国。”

语法点释义中英文结合，兼语句的语序是：

“主语＋使令动词（叫、让、请）＋兼语（宾语/主语）＋动词＋宾语”（《汉语教程》第一册下：第二十六课）

两部教材中的练习形式都比较简单，没有专门针对兼语句的练习，特别是动词的辨析等。针对兼语句教材的编写问题，张琳芳（2014）在文中提出以下几点建议：第一，教材的编写应有所侧重。兼语句的类型有很多，但是在交流中运用得最多的是使令类兼语句，应对使令类兼语句重点进行讲解，尤其是在初级阶段的教学中，应该以使令类兼语句为主，其他类型兼语句了解即可。使令类兼语句内部容易造成混淆，所以应对相近的词语和句式进行比较做出进一步的梳理。第二，教材的设计应有针对性。针对来自不同国家的第二语言学习者，我们可以把他们的母语与汉语进行对比分析和偏误分析，从而提前预测学习者在学习兼语句过程中容易犯的错误，充分考虑母语的迁移及不同学生的认知特点来进行教材的编写和教学。第三，教材的编写应呈现阶梯性，由易到难，循序渐进。在初级阶段，应重点讲解使令类兼语句，在中高级阶段，应该把兼语句的其他类型展示出来，并且可以介绍兼语句的否定及疑问形式。

李玉菲（2010）对北京大学出版的《初级汉语阅读教程》《中级汉语精读教程 1》和《中级汉语精读教程 2》以及北京语言大学出版的《中级汉语教程》1、2 两册共三套教材进行了扫描，穷尽列出所有的兼语句。发现教材方面的问题主要有：一是兼语动词的表达功能呈现不全面。初级学生在学完这一套教材后，虽然学习了很多复杂的句型和生词，却不知道“让”字的一个常用含义。二是缺少同类兼语动词之间的解释和辨别。教材在课文中没有完全体现出兼语动词的表达作用，同样，对于具有类似表达功能的兼语动词，教材中也不作辨析。三是缺少结构解释。四是缺少练习设计。李文发现这几套教材除了缺少对兼语句结构的解释外，还缺少针对结构和兼语动词的练习设计。在学生的偏误中发现学生容易将兼语结构跟其他结构搞混，也容易将兼语动词跟其他动词或介词搞混，但是对这些教材却常常忽略，很少设计具有针对性的练习。

（二）加强练习设计

李玉菲（2010）认为兼语结构偏误中出现兼语动词之间的混用，兼语动词与其他词的混用，兼语结构与动宾结构和“把”字句的混用，针对这些现象教材应该有练习设计来加强学生对这个结构和这些词的敏感度。

判断。如为错句，给与相应的改正。

1. 我让他的衣服弄脏了。(　　)

2. 他很让我觉得开心。(　　)

3. 他的话激励了我，进步了我。(　　)

4. 爸爸使我打电话给他。(　　)

5. 他导致我很开心。(　　)(李玉菲 2010：56)

这些练习用来检测学生对兼语动词“使”“让”“导致”等的掌握情况，同样也可以用来检测学生对兼语句与“把”字句以及动宾结构的辨别情况。

用“Nl 使 N2+do+sth.”结构回答问题。

1. 你认为好的电影对孩子起什么作用？

2. 学习汉语对你有什么好处？

3. 为什么你喜欢旅游？

4. 为什么我们需要教育？

5. 跟不同的人打交道有什么作用？(李玉菲 2010：57)

这一部分是针对“使”字兼语句的练习，这种题型的好处是不仅可以让学生练习到兼语结构，而且因其问题的开放性可以增强内容的充实性和趣味性，其他类别的兼语句也可以用同样的方法进行练习。

马文佳（2011）指出，大部分的对外汉语教材对兼语句的练习都太过流于形式。大部分都是以完成句子或是选择合适的使令义词语填空为主。这样的练习针对性不强，外国留学生不能通过练习真正地掌握兼语句。我们在设计练习的时候，可以把兼语句的四个组成部分分别空出来，让学生思考应该填进去什么内容，或者是不需要填，这样能强化兼语句四个组成部分（Nl、Vl、N2 和 V2）在留学生头脑中的印象，知道这四个部分互相之间是什么关系，为什么不能缺少这一部分，如果缺少，会产生什么样的后果。例如：

(20)* 妻子得了一种不治之症，非常的痛苦，她要求丈夫或者家属安乐死。(马文佳 2011：4)

这个句子缺少了“让她”，就使句子的意思发生了很大的变化。我们可以把这样的错句写出来，让学生来补出缺少的成分，并指出应该放在句子的什么位置。这样的练习将有助于留学生克服遗漏偏误的相关问题。

（三）丰富教学方法，提高教学效果

周叶（2016）认为在课堂教学的过程中，虽然灵活运用了一些教学方法，比如提问法，但是教学实践活动的形式仍然过于单一，不可能吸引所有留学生的兴趣，不能根据留学生的具体情况做出适当性的调整，特别是对于一些本来就对课堂教学不感兴趣的留学生。由此可见，教学实践活动不能仅仅局限于课堂教学，还应该加入一些其他的教学形式，例如游戏教学、户外教学等。

针对兼语句教学，很多学者提出一些有针对性的教学策略。孙红霞（2013）提出兼语句教学中使用“框架教学法”。如果留学生能够以框架的形式来理解和记忆兼语句式，那么，课堂上的教学效果将会有很大提升。例如，学习兼语动词时，教师可以告诉学生“造成/引起……严重后果”“对……产生影响”“使……成为”“引起……的重视/担忧”“把……当成……”等固定搭配的结构，这样学生就不会造出“这一事故让我造成了很严重的后果”“这个决定使我产生了很大的影响”“这样会引起整个经济发展得快”等混淆兼语动词V1成分的偏误句子。孙红霞（2013）认为在进行兼语句教学时，对外汉语教师可以使用问题追问或设置情境等方法帮助学生在现实的语境下学习、运用兼语句式。对外汉语教师进行问题追问时，要尽量逐步进行，由简到难，用“提问+追问”的方式使学生练习新的句子类型。例如：

师：你为什么学汉语？

生：因为我喜欢中国。/因为汉语很有意思。/因为我要工作。/因为我想了解中国文化。

师：因为你要工作，你要了解中国文化，所以你想学习汉语。那么，学了汉语对你有帮助吗？它使你怎么样了呢？你们能用“使”来造个句子吗？

生：学习汉语使我了解中国文化。/学习汉语使我找到工作。（孙红霞2013：48）

苏丹洁（2011）提出在兼语句教学中进行“构式语块教学法”。下面以表使令的兼语句的课堂教学为例说明上述教学法。

教师对班长说：请你去办公室，拿我桌子上的那本书。（班长拿来了书）

教师问全班同学：老师叫班长做什么事？

学生回答：去办公室拿书。

教师：对。用汉语说一个句子就是：老师（指着自己）派班长（指着班长）去办公室拿书。

先说 A ："老师"；再说 A 做了什么："派"；然后说 B："班长"；最后说 B 要做的事："去办公室拿书"。这种句子叫使令句，"使令"是叫别人做事。（苏丹洁 2011：19）

苏文指出："构式语块教学法的实质是将人类认知的共性作为第二语言语法教学的切入点。其优势在于能有效地激活学习者本身具有的认知共性，使目的语的难点句式不再显得孤立复杂，而是变得易于理解、接受和记忆；它能够通过激活学习者本身具有的人类认知共性，以一种易懂易记的方式，引导学习者理解并掌握汉语的个性特征。"

参考文献

[1] 李临定：《现代汉语句型（增订本）》，商务印书馆 2011 年版。

[2] 刘珣：《对外汉语教育学引论》，北京语言大学出版社 2000 年版。

[3] 邢欣：《现代汉语兼语式》，北京广播学院出版社 2004 年版。

[4] 张斌：《简明现代汉语》，复旦大学出版社 2004 年版。

[5] 刘月华等：《实用现代汉语语法》，外语教学与研究出版社 1983 年版。

[6] 齐沪扬：《对外汉语教学语法》，复旦大学出版社 2005 年版。

[7] 黄伯荣、廖序东：《现代汉语（增订五版）下册》，高等教育出版社 2001 年版。

[8] 李勉东：《现代汉语语法研究》，东北师范大学出版社 2003 年版。

[9] 游汝杰：《现代汉语兼语句的句法和语义特征》，《汉语学习》2002 年第 6 期。

［10］黄强:《论现代汉语兼语句的类型》,《安徽文学（下月刊）》2010年第2期。

［11］柳文华:《兼语句与主谓短语作宾语句的辨析,《黔东南民族师专学报》1999年第8期。

［12］宁文忠、靳彦山:《兼语句与其他句式结构的区别——现代汉语特殊句式辨析之二,《西北大学报（哲学社会科学版）》2002年第5期。

［13］郑建娇:《浅析对外汉语教学中的兼语句》,《现代语文（语言研究版）》2012年第12期。

［14］周叶:《留学生汉语兼语句偏误分析与教学研究,《安徽大学硕士论文》2016年。

［15］范晓:《三个平面的语法观》, 北京语言学院出版社1996年版。

［16］马德全:《论现代汉语兼语句》,《内蒙古师范大学硕士论文》2003年。

［17］高丽桃:《试论现代汉语省略句》,《内蒙古师范大学硕士论文》2004年。

［18］刘富华、孙炜:《语言学通论》, 北京语言大学出版社2009年版。

［19］李香玲:《汉语兼语式的语义重合与话语功能的认知语法研究》,《河南大学硕士论文》2011年。

［20］袁竹筠:《汉语兼语句与英语复合宾语句的对比研究》,《沈阳师范大学硕士论文》2011年。

［21］邵敬敏:《现代汉语疑问句研究》, 华东师范大学出版社1996年版。

［22］周文华:《基于语料库的外国学生兼语句习得研究》,《语言教学与研究》2009年第3期。

［23］刘珣:《新实用汉语课本》, 北京语言大学出版社2003年版。

［24］刘珣:《对外汉语教育学引论》, 北京语言大学出版社2000年版。

［25］赵曾:《基于HSK动态作文语料库的现代汉语兼语句习得研究》,《四川外语学院硕士论文》2011年。

［26］刘明佳:《日本留学生习得汉语兼语句的偏误分析》,《吉林大学硕士论文》2013年。

［27］马文佳:《外国留学生兼语句习得研究及偏误分析》,《西北大学硕士论文》2011年。

［28］李玉菲:《外国留学生兼语句运用的偏误分析》,《华东师范大学硕士论文》2010年。

［29］陈璐:《对韩汉语教学中“被”字句、兼语句的比较研究》,《山东大学硕士论文》2007年。

［30］陈宝林:《回避与泛化——基于“HSK动态作文语料库”的“把”字句习得考察》,《世界汉语教学》2010年第2期。

［31］苏丹洁:《构式语块教学法的实质——以兼语句教学及实验为例》,《语言教学与研究》2011年第2期。

［32］文婧:《面向对外汉语教学的“使”字句研究》,《湖南师范大学硕士论文》2012年。

［33］鲁健骥:《偏误分析与对外汉语教学》,《语言文字应用》1992年第1期。

［34］北京语言学院句型研究小组:《现代汉语基本句型》,《世界汉语教学》1989年第1期。

［35］黄锦章:《汉语中的使役连续统及其形式紧密度问题》,《华东师范大学学报(哲学社会科学版)》2004年第5期。

［36］李春艳:《对蒙古国学生汉语兼语句教学的几点建议》,《语文学刊》2011年第12期。

［37］李大忠:《“使”字兼语句偏误分析》,《世界汉语教学》1996年第1期。

［38］郑巧:《对外汉语教学过程中兼语句式的教学方法探究》,《青年文学家》2011年第3期。

［39］朱楚宏:《杂糅结构与兼语句式》,《长江大学学报(社科版)》2014年第6期。

［40］张琳芳:《外国留学生兼语句偏误分析》,《吉林大学硕士论文》2014年。

［41］徐艳华、李连伟、鞠伟伟:《基于语料库的韩国留学生兼语句习得研

究》,《第十届中文教学现代化国际研讨会论文集》2016 年。

[42] 张新明:《对外汉语教学中引导留学生产生出“使”字兼语句的教学策略》,《无锡商业职业技术学院学报》2002 年第 4 期。

[43] 孙红霞:《对外汉语中兼语句偏误分析及教学策略》,《西安外国语大学硕士论文》2013 年。

[44] 国家对外汉语教学领导小组办公室汉语水平考试部:《汉语水平等级标准与语法等级大纲》,高等教育出版社 1996 年版。

第九讲

双宾语句

双宾语句是一个动词带上两个宾语后构成的一种特殊句式，是动词谓语句的下位句型之一。李宇明在《领属关系与双宾语句分析》中所说："双宾语句是句法分析中比较麻烦的一类句型。至今人们对双宾语句外延的大小、内部小类的划分、结构层次的切分等，认识还相当不一致。"朱德熙在《语法讲义》中表达自己对这个问题的意见说："双宾语构造是一个述语同时带两个宾语。这两个宾语各自跟述语发生关系，它们相互之间没有结构上的关系。按照这种看法，双宾语格式只能三分（述语、近宾语、远宾语），不能二分。不过我们也可以采取另外一种观点，即把双宾语格式看成述宾结构带宾语的格式。"

"双宾语句"这个概念是句法平面的术语，我们从句法平面将双宾语句认定为动词谓语句的下位类型之一，它的谓语由一个谓语动词带两个宾语构成，这两个宾语分别与谓语动词发生结构关系，而它们之间没有结构关系。简而言之，双宾语句就是一个谓语动词带上两个宾语后构成的句子。如"他给我一封信""孙老师教我们汉语""小明借我 50 元钱"等。这些句子有一个相同的地方：一个主语，一个动词，两个宾语。前一个宾语指人，后一个宾语指物。我们把这样的句子叫"双宾语句"。

一、双宾语句的语法特征

现代汉语双宾语句式的本体研究最早始于黎锦熙《新著国语文法》（1924），这部著作中首先提出双宾语的定义，即："如'送''给''寄'等动词后面经常带两个名词作宾语，叫作'双宾语'。"

双宾语句的研究取得了很大的进展，具体研究成果体现在两个方面：一是注重汉语双宾语句的分类描写：如朱德熙（1982）、马庆株（1983）和李临定（1984）等，这部分主要是传统语法理论之下的双宾语研究。其研究的重点包括两个方面：双宾语的定义和双宾动词的分类，散见于各类语法专著中。代表学者有黎锦熙（1924）、赵元任（1968）、丁声树（1961）、吕叔湘（1979）、朱德熙（1982）等，其主要研究特点是对双宾语结构的简单描写，如：黎锦熙和杨树达都提出双宾语结构是动词后面带两个名词作宾语。关于双宾动词的分类，黎锦熙和刘世儒把汉语双宾动词分为教示义和授与义，早期的观点是：一个及物动词后跟两个宾语，一个指人，一个指物，指人的叫间接宾语也叫近宾语，指物的叫直接宾语也叫远宾语，两个宾语之间没有结构上的联系，动词有“予夺性”。在传统语法理论之下对双宾语的研究处于一个初级阶段，这一阶段的研究为以后双宾语的研究都奠定了初步的基础。

二是对汉语双宾语句进行理论解释：研究角度多样化，研究兼顾形式和语义，不只涉及语法描写更涉及解释。如李宇明（1996）、张伯江（ 1999）、顾阳（1999）、徐杰（2001）、陆俭明（2002、2003）、沈阳（2001）、满在江（2003.2005）等。张伯江（1999）首次将双宾语句纳入双及物结构的范围之内，并根据句式语法的理论，把双及物结构的句式语义定义为“施事者有意地把受事转移给接受者，这个过程是在发生的现场成功地完成的”，其中的核心语义是“有意的给予性转移”，因此给予类双宾语句是双宾语句的原型，并通过隐喻和转喻引申出其他非给予类双宾语句。徐杰（2001）运用生成语法中的约束原则对汉语中的特殊双宾语句进行了同指异指分析，肯定并解释了“打碎他四个杯子”一类现象的双宾语句资格。

（一）双宾语句的基本类型

朱德熙（1982）把双宾动词分为三类，李临定（1984）把双宾动词分为十一类，而分类最多的当数马庆株先生（1984）的分类，就真宾语的语义特点分为 14 类。徐志林（2010）认为在传统语法体系下，学者们分析语法的标准是语义，语义的判断倚重的是语感，对双宾动词的分类多采取“二元”分法，在这点上大家基本上是一致的。吕叔湘将动词分为 4 类 ：“给与”义、“教示”义、“夺取”义、“学问”义。但实际上，在吕氏心目中前两者归为一类“受词”类；后两者并为一类“反受词”类。黎锦熙、刘世儒把双宾动词分成两大类：“授予”义的，如“送”“寄”“给”“赏”等；“教示”义的，如“教”“告”“示”等。

根据动词自身的语义特征给双宾结构分类。黎锦熙、刘世儒（1957）把双宾动词分为两大类：“授予”义的，如“送”“寄”“给”；“教示”义的，如“教”“告”。吕淑湘（1979）根据动词的语义特征将汉语中的双宾结构分为“给予类”和“索取类”。丁声树（1961）、赵元任（1968）、朱德熙（1980）持相同或相似观点。石毓智（2004）根据汉语中双宾语动词的方向性的不同将其分为三类：动词方向为右向为“给予类”双宾结构；动词方向为左向为“取得类”双宾结构；动词是互向的，即通常所说的“予夺不明了类”双宾结构。

马庆株（1983）认为双宾结构是述宾结构带宾语，并给双宾语结构进行分类，共分为14类：给予类、取得类、准予取类、表称类、结果类、原因类、时机类、交换类、使动类、处所类、度量类、动量类、时量类。李临定（1984）从双宾语动词的范围入手，分析了双宾语结构的类型。共分为11种：即“给”类、“送”类、“拿”类、“吐”类、“吓”类、“问”类、“托”类、“叫”类、“欠”类、“限”类、“瞒”类、“隔”类，VP类型，习惯语类型，还有双宾语结构的成句条件和句式的归纳。朱德熙、陆俭明、李临定和范晓等学者都在这方面进行了探索研究。

朱德熙（2001）指出远宾语（直接宾语）指人的话只能用指人名词而不能用指人代词，他还指出如果直接宾语指物，具有排斥单独的名词的倾向，并且最占优势的形式是：数量词＋名词。陆俭明（2002）进一步指出直接宾语不能是一个零属性的偏正结构。李临定（1984）指出如果NP2（即直接宾语）是指人名词时，常要位于“给”前边（用“把”），而不能位于后面。范晓（1986）指出NP2即直接宾语必须是表示具体事物的名词，否则往往不能变换为“把”字句或不能把NP2置于句首当话题来使用，而当NP2是抽象名词时一般不能位于“给”的前边。

齐沪扬（2005）在《对外汉语教学语法》中从二语习得的角度把双宾语句分为取得类、给予类、予取类和表称类四大类别。他认为可以带双宾语的动词，有的允许只出现直接宾语但不允许只出现间接宾语，比如：“借”“租”“买”“偷”等，有的允许只出现双宾语中的任意一个，比如：“问”“还”“给”“赔”等。

根据前人研究成果，我们把双宾语句分类如下：

1. 问说类

基本结构：主语 + 问、告诉、教、通知 +（了、过）+ 人 + 事情

老师	问	过	杰克	这件事
玛丽	告诉	了	我	事情的原因
张老师	教		我们	口语
班长	通知		我们	下午开会

2. 给予类

基本结构：主语 + 给、送、借、还、退、拿 +（了、过）+ 人 + 东西

小明	给		我	一本书
杰克	送		女朋友	一条项链
我	借		同桌	100元钱
我	还	了	图书馆	一本书
弟弟	拿	了	我	一件外套

主语 + 送、借、还、买、卖、退 + 给 +（了、过）+ 人 + 东西

妈妈	送	给	了	我	一个照相机
邮局	退	给	了	我	一封信
爸爸	买	给		我	一部手机
那个人	卖	给		他	一瓶假酒

主语 + 拿、骗 + 走 +（了、过）+ 人 + 事情

他	拿	走	了	我	一本书
那个人	骗	走	了	我	很多钱

注意：

（1）“了”或“过”要放在动词后，如果动词后有“给”或“走”，“了”要放在“给”或“走”的后面。

（2）第一宾语表示“人”，第二个宾语表示“事物”，二者顺序不能颠倒。

（3）否定副词或其他状语一般要放在动词前。

（二）双宾语句的结构特点

参考李勉东（2003）观点，双宾语句有三个特点：

1. 双宾语一般一个指人，回答“谁”的问题，一个指物，回答“什么”的问题。通常是近宾语指人，远宾语指物。有时两个宾语都指人，不过指人的远宾语还是回答“什么”的问题，而不是回答“谁”的问题；有时两个宾语都指物，但指物的近宾语还是回答“谁、什么单位、什么部门”之类的问题，而不是回答“什么”的问题。例如：

（1）公司派给我们兼职销售员。

（2）老天赐给我一个健康的孩子。

（3）安东还给我十元钱。

（4）超市老板退给玛丽多出的钱。

例（1）例（2）两个宾语都指人，例（3）例（4）两个宾语都指物。

2. 动词一般都含有“给予”的意义，如上述各例。有的动词本身并不包含“给予”的意义，但带上双宾语后，就具有了“给予”的意义。例如：

（1）很多人都骂他狗腿子。

（2）大家都称他活雷锋。

“骂”和“称”本没有“给予”的意义，但在例（1）例（2）含有“给某人某称号”的意思。

3. 两个宾语能分别跟动语构成动宾关系。如例（1）例（2）：

（1）王老师教玛丽初级汉语课。＝王老师教玛丽＋王老师教初级汉语课

（2）学生咨询教务处普通话考试的事。＝学生咨询教务处＋学生咨询普通话考试的事

二、双宾语句的偏误分析

双宾语句是现代汉语中存在最普遍的句式之一，历来受到国内外语言学家的关注。然而，关于现代汉语双宾语句的句法特点，尤其是关于双宾语的

定义和范围以及分类问题，在汉语本体研究中争议很大。也正因为关于汉语双宾语的本体研究本身存在争议，我们发现，外国留学生在习得该句式的过程中，常常会产生很多偏误。对于双宾语的研究，不少国内外学者的研究重点都侧重于汉语本体，但较少学者在对外汉语教学方面有比较全面透彻的研究。我们都知道对本体的深入研究有利于对外汉语教学，但学者们对本体的研究成果并不能直接应用于对外汉语教学。因此，我们要从客观的教学实践出发，站在对外汉语教学的角度，深入地挖掘和分析留学生在习得双宾语结构时会发生的情况和出现的偏误，分析问题产生的原因并归纳偏误出现的类型。

关于双宾语句的习得研究近年来成果比较丰富，特别是研究方法比较新颖、针对性强。潘淼（2014）选取华中师范大学国际交流学院的100名以英语为母语的留学生为研究对象，采用问卷调查的方式考察和分析他们在习得过程中的接受程度，再进一步分析他们在习得过程中出现的偏误情况，并且结合北京语言大学语言信息处理研究所开发的HSK动态作文语料库中有关双宾语的偏误语料，进行全面统计、充分描写，以图表的形式直观地展示以英语为母语的留学生习得现代汉语双宾语中“给予”义的偏误类型。然后，运用中介语理论、第二语言习得理论、偏误分析等相关理论综合分析偏误出现的原因。最后，针对性地提出对外汉语教学中有关双宾语句的教学建议，其中包括课堂教学、教学方法和课后练习设计等方面。

王志军（2010）结合对外汉语教学来考察留学生习得汉语双宾语的过程，选取福建师范大学海外教育学院的120名留学生为研究对象，采用问卷调查的方式考察和分析他们在习得八类汉语双宾语句过程中的可接受程度，并进一步分析在习得过程中出现的偏误情况，同时结合北京语言大学语言信息处理研究所开发的HSK动态作文语料库中的双宾语偏误语料，对其进行充分的描写、统计后以图表的形式直观地展现了留学生习得汉语双宾语句的偏误类型与比例，其次，运用第二语言习得理论、中介语理论、偏误分析的相关理论全面地分析了偏误出现的原因，最后，有针对性地提出了对外汉语教学中双宾语句的教学建议，包括课堂教学、教材编写与练习设计等方面。

刘敏（2014）采取语法本体研究与实证检验相结合的方法，利用认知语言学理论的构式语法理论对双宾语的各类别进行认知分类，使用测试问卷作为研究基础，考察了来自不同国家的近120名被试者对汉语双宾语的习得情况。同时也结合了北京语言大学语言信息处理研究所开发的HSK动态语料库中的双宾语偏误语料进行对比研究，运用偏误分析、第二语言习得理论、中介语理论的相关理论全面地分析了偏误出现的原因。

（一）偏误类型

1.“了”的位置

（1）杰克问老师了一个奇怪的问题。

改正：杰克问了老师一个奇怪的问题。

（2）他抢了走我很多东西。

改正：他抢走了我很多东西。

解析：双宾语句中，如果动词后面有“了”，那么“了”要放在动词后面第一个宾语前面。例1“了”应该放在“问”的后面。这也是学生对“了”的过度泛化造成的。例2“走”是“抢”的补语，“抢走”要在一起，不能分开，前面我们讲过，“了”要放在结果补语之后。这也是学生对“了”的过度泛化造成的。

2.状语的位置

（1）我借他已经很多钱了。

改正：我已经借他很多钱了。

（2）老师耐心地怎样教我们发音。

改正：老师耐心地教我们怎样发音。

解析：双宾语句中，状语一般要放在句首主语后，谓语动词前。例1是学生对副词的过度泛化造成的。“已经”是副词，副词要放在主语后，动词前，所以“已经”要放在“我”的后面。例2“怎样”是代词，在这里是代副词，语义指向“发音”，而不是“教”，所以要放在宾语小句里的动词前。

3. 误加介词

（1）我借向朋友买房子的钱。

改正：我向朋友借买房子的钱。或我借朋友买房子的钱。

（2）医院通知家属对于他的病情。

改正：医院通知家属他的病情。

解析：双宾语句中，除了给予类双宾语句部分动词可以加“给”外，不管是表人的宾语还是表物的宾语，一般都不加介词。例1如果加介词“向”，要把介宾短语放在动词“借”的前面作状语。例2“通知”可以直接说“通知谁什么事”，后面的宾语不用介词引出。

4. 双宾嵌套兼语

（1）你给一些书他看。

改正：你给他一些书看。

（2）我送给你听听一张碟。

改正：我送给你一张碟听听。

解析：这两个句子比较复杂，是双宾语句里又加上了兼语句。双宾语句中第一个宾语“人”同时是后面动词的主语。例1中“他”既是“给”的宾语，又是“看”的主语。这类句子的第一个动词多为“给予”意义的动词，如“给、送、送给、借、借给、寄给”等。基本语序为：主语1+动词+宾语1+宾语2+动词。

（二）偏误原因

第二语言学习者的偏误来源是多方面的，往往是多个因素共同作用的结果。目前，大多数人把语言的迁移、文化因素迁移、学习策略和学习环境四个因素作为偏误的主要原因，我们主要就以下方面谈谈双宾语句偏误产生的原因。我们能够看出目前的教学方法虽然简单易懂，但是不能引导学习者灵活自如地运用双宾语句，也不能满足学习者产出更复杂的双宾语句的需求。结合对当前双宾语句教学法以及学习者语料的分析，我们认为学习者产生上述几种偏误的原因主要有以下几个点。

1.母语的负迁移

刘珣（2000）在《对外汉语教育学引论》中认为："学习者不熟悉目的语规则的情况下，只能依赖母语知识，因而同一母语背景的学习者往往出现同类性质的偏误。对初学者来说这是其偏误产生的主要原因之一。用学习者第一语言的一些语法规律代替目的语的语法规律。""母语的负迁移"是学习者在学习第二语言的过程中，用已经掌握的母语的知识帮助自己来学习第二语言，而这时母语对第二语言的学习并没有起到积极作用，相反它起到了一定的阻碍作用，从而导致了偏误现象的产生。因为旧语言习惯会阻碍新语言习惯的形成，所以要想掌握一门新的语言，必须改正旧有的语言习惯，形成新的语言习惯。

王立月（2016）认为汉语是独立语，虚词和语序非常重要，语法意义的表达主要依靠虚词和语序，汉语的基本语序为"S+V+O"，也就是"主语＋谓语＋宾语"，汉语的语序如果发生变化，那么整个句子的意思一般也会发生变化，而韩语是黏着语，有着非常丰富的词形变化，韩语主要依靠助词放在体词性成分后面来表达时间、地点、对象等语法意义。而汉语和韩语两种语言的语序也是截然不同的，韩语的基本语序是"主语＋宾语＋谓语"，对语序的要求并不是十分严格，必要的时候语序是可以改变的，但是只要词尾不变，即使是句子的语序发生了一些变化，语义也是不变的。这些地方的不同都给韩国留学生在汉语的学习过程中造成了很多困难，特别是动宾的语序是正好相反的，这也就造成了韩国留学生在使用汉语的时候受到母语负迁移的影响，写出语序错误的句子。例句"如果在路上吸烟的话，容易给别人影响"也是受母语负迁移的影响，宾语"别人"放在了动词"影响"的前面，这些错误都是因为留学生根据韩语的语序来造句的。

日语也是如此，在语序上跟汉语差别较大。因此日本留学生在习得汉语双宾语句时出现语序偏误也比较典型。

*老师对他教太极拳（日本留学生）（王志军 2010：29）

初级班的一些日本留学生在习得双宾语的过程中经常利用介词将间接宾语提前的偏误，这类偏误的出现就受到了日语规则的负迁移，因为日语中有大量的介词来引出动作的对象。

*我们叫他是王老师（越南留学生）（王志军 2010：29）

王志军（2010）针对此案例作出如下解释：初级班的越南留学生习得表称类双宾语时普遍在间接宾语和直接宾语中间加一个“是”字，这也是受越南语规则的影响，越南语有双宾语这种句式，但其表称类双宾语中的间接宾语和直接宾语之间要加一个类似于汉语“是”的系词。

我们再看看母语为英语的留学生习得汉语双宾语句的情况。潘淼（2014）指出，当句中的动词为“取得”义的时候，英语和汉语的双宾语句的句式虽然完全相同，可是语义则完全相反，这是母语为英语的留学生很容易混淆的语法点，他们在学习“给予”义双宾语的过程里，有很长一段时间对“给予”义和“取得”义的差异难以理解，特别是在教材中他们最先接触到的“给予”义双宾语句就是：他给我一本书、她教我英语等，因此，以英语为母语的留学生在口语练习和生活实践中常常会出现如下偏误：

我买了他一本词典。（潘淼 2014：27）

留学生想要表达的是：I bought him a dictionary. 由于未完全学会如何正确使用双宾语，而是直接套用英语语法而产生了偏误，实际上学生想要表达的是：我买了一本词典给他。

徐春兰（2012）对比分析汉语与维吾尔语双宾语句。汉语是缺乏形态变化的语言，句法关系往往靠语序和虚词来反映。维吾尔族学生在不知如何用汉语双宾语的句式表达时，受母语思维方式的影响，误认为语义层的与事表示动作针对的对象，在表层句法平面就应该像母语一样，加上与母语向格相对应的汉语中的“向”“往”等介词即可。所以产生如下偏误：

*他向我还了一本书。（他还了我一本书。）

*主任向我告诉他来参加学习。（主任告诉我他来参加学习。）（徐春兰 2012：109）

2. 目的语规则的泛化

屈梅娟（2014）指出：语言的迁移主要包括母语的负迁移和目的语的负迁移，目的语迁移最主要的表现就是目的语规则的过度概括，学习者已经掌握了一些目的语规则，习惯于运用类推的方法把所学的有限的知识运用到新的语言现象上，在类推过程中出现一些偏误。学习者在学习过程中，习得了双宾语结构的基本格式是“动词 + 名词 1+ 名词 2 ”，并且了解到了动词多为“给”“送”“借”等给予类动词，但是具体的给予类动词有哪些，他们并不清楚，同时汉语中大量的介、动同音同形词，更增加了出现偏误的机会。

小明的一个加拿大朋友请给我们吃晚饭。（潘森 2014：26）

潘森（2014）认为留学生将“给予”义动词泛化为动词，造成只要是动词就在动词后面加上“给”字，从而产生偏误。这种类型的偏误，中、高级班的留学生出现的比较多。

陆检明（2005）认为：“他们（留学生）把老师和课本上所讲授的汉语知识和相关的规则都视为金科玉律，并且能动地按老师和课本上所讲授的去运用，可是一用就出错。对于他们在写作、说话中出现的语法、词汇方面的毛病和错误，大多不能责怪学生学得不好，因为这些错误大多是由目的语的负迁移造成的。”

动词“给”后面加间接宾语再加直接宾语这个表达式是留学生初级阶段就会接触到的，因此他们很喜欢用这个式子表达。但是“给”后面接的宾语不是无条件的，“给”首先有给予的意义，其次“给”的直接宾语一般指物（也可以指人，指人一般用名词，不用代词）。留学生使用时可能不是很清楚这些规则，所以才造成一些错误。

3. 教师和教材的影响

一般来说，教师教学方法得当与否，不管是对学生的学习兴趣，还是对学生的习得程度，都会产生很大的影响。特别是对外汉语教师，如果对外汉语教师有好的教学方法，不仅可以吸引留学生对第二语言的学习热情，而且还能够预防留学生在习得汉语的过程中产生各种各样的偏误。由于现代汉语双宾语的类型很多，教师在教学过程中遵循由简及繁、由易到难的过程，合理地安排好教学顺序。很多对外汉语教师在对教学内容的难易程度上不能做很好的判断，有的老师认为很简单不用讲解的部分，就很有可能就是学生难以理解的部分。如果教师不能站在学生习得新知识的角度去准备上课内容，就会出现难易倒置、顺序失当的情况，让学生造成偏误。

《汉语教程》（杨继洲主编 北京语言大学出版社 2007 年 5 月）课文例句如下：

谁教你们语法

林老师教你们什么

她教我们听力和阅读（《汉语教程》第一册下：第 20 课）

语法点解释：汉语有些动词可以带两个宾语：第一个宾语叫间接宾语，一般指人；第二个叫直接宾语，一般指物。但能带双宾语的动词比较少，多数动词不能带双宾语。可以带双宾语的动词有："教、给、借、还、问、回答、告诉"等。

王老师教我们课文和语法

玛丽给我一本英文杂志

我问老师一个问题

这种解释过于笼统，并且也没有后续的一些补充和说明，造成留学生在高级阶段也不会使用置放类、使动类和结果类双宾语句。往往使用其他句式来代替这些双宾句式。随着对外汉语事业的发展，形形色色的对外汉语教材接连出现，其中不乏优秀教材。不能否认不少教材存在各种各样的问题。教材编写的失误很容易导致学习者的偏误。我们发现，关于双宾语句，教材中只是列举性地提到几个动词可以用在双宾语结构中，并没有具体讲明是什么样的动词，这样，学习者很可能会类推产生偏误。教师的不适当讲解，会对学生的偏误产生一定影响。大多数老师在讲解双宾语结构时，只是告知结构，并且拿一些典型的动词操练，没有告诉学生双宾句使用的具体条件，这样很容易让学生把规则过度概括，产生偏误。

三、双宾语句的教学对策

双宾语句式作为一个重要句型，一直以来也为语法学界所关注。但是在对外汉语教学中似乎没有受到应有的重视，双宾语句在本体研究中资料繁多，但是针对对汉语双宾语的第二语言教学研究资料比较少，只在少量的语法专著中做过介绍，专门研究资料很少。王红厂、郑修娟（2014）指出："北京语言大学语言教学研究所现代汉语句型统计与研究小组（1995）曾对精读教材中的句型进行了统计，其中并未涉及双宾语句式。齐沪杨（2008）主编的《对外汉语教学语法》中，所列出的七种句式也未提到双宾语句式。杨玉玲（2011）《国际汉语教师语法教学手册》特殊句式部分也未列出双宾语句式。而且就是涉及该句式的对外汉语教材，在语法点的编排上也甚为简略概括。可见，双宾语句式在对外汉语教学中，并没有引起足够的重视。"

（一）加强对比分析

双宾结构存在于英语和汉语中，是英语和汉语这两种语言中富有特色的一种语言结构形式，一直以来受到研究者们的重视。曾丽娟（2013）总结到：对英语为母语的学习者来说，汉语双宾语结构也是汉语语法中的难点之一，这表现在：现代汉语中双宾动词跟英语中的双宾动词不对等；汉语双宾语动词后面直接宾语和间接宾语的位置及其出现的情况也和英语有所差异；汉语双宾语句式也可以和其他句式进行转换，因此，学习者在学习时容易出现偏误。但是在现有的对外汉语基础教材中，对双宾结构的介绍大部分是以列举可带双宾语动词的方式，并没有对双宾结构作详细具体的分析，并且所列举的可带双宾语的动词极其有限，不利于学习者掌握汉语双宾语结构学习的规律。因此，对汉英双宾结构的对比分析研究具有重要的理论价值和应用价值，不仅为揭示汉英双宾结构的特点提供了线索，而且能够加深教学者和学习者对汉语双宾语结构的认识，还可以为双宾结构的习得研究和教学提供直接有效的启示。

潘淼（2014）认为针对以英语为母语的留学生，教师可以在课前做好有关英汉语言对比分析的准备。以英语为母语的留学生在习得"给予"义双宾语时普遍存在一些偏误，我们可以肯定的是，不管是哪个国家的留学生，他们的母语对其产生偏误造成的影响是毋庸置疑的。英语为母语的学生常常会因为受到母语的影响而产生一些偏误，在看图说话或者设计情境造句的环节中，他们会犯“我写我好朋友一封信”“妈妈读了我一个故事”之类的偏误，实际上他们想要表达的是“I wrote my dear friend a letter.”“Mom read me a story.”虽然目前学校对留学生进行分班是按汉语程度高低分的，绝大部分都是混合班，然而随着中国文化热潮的不断推进，会有越来越多的留学生进入中国学习，因此提前做好英汉语言的对比研究是很有必要的，要使“给予”义双宾语结构在教学中更有针对性，才能从根本上提高教学质量和教学效率。

（二）加强教材建设

刘月华《实用现代汉语语法》（1983）是这样定义双宾语句的：“一个动词后面带两个宾语，一个指人（单位或集体），一个指物”。并没有关于双宾语的类别介绍，只是简单地列举了一些常用动词，如“给、送、租借、还”；卢福波在《对外汉语教学实用语法》（1996）将汉语双宾语动词分为两类：表示“给予”或“取得”意义的动词和表示言语活动的动词。齐沪扬（2005）在《对外汉语教学语法》将汉语双宾语分为给予类、取得类、予取类、表称类四类。大部分教材对双宾语句的描写和解释主要是针对初级班水平的留学生设计，缺乏循序渐进、由浅入深、由简到繁的系统性和针对性。

在进行对外汉语教学时，教材是教师备课的基础，教材也是引导学习者学习的重要工具之一。赵倩（2015）观察双宾语句的教学现状，认为需要从教材与教学两方面入手。在教材方面，对《汉语教程》第一册（下）（主编杨寄洲，北京语言大学出版社）和《新实用汉语课本》（刘珣，北京语言大学出版社）教材进行对比和汇总。通过对比和整理，发现不同版本的教材对双宾语句的解释大致相同。通常都是先简单描述双宾语句的句法结构，然后从语义角度对句子中的双宾语进行描写。王志军（2010）更是指出：从课本上的举例来看，也主要涉及给予类、告知类、问询类和予取不明类，对左向双宾语句的原型取得类双宾语句没有任何涉及，更不用说使动类、结果类等，并且几乎所有的教材只是在初级的时候对双宾语句简单介绍一下，在以后的中高级教材中几乎忽略了后续介绍。王文建议根据双宾语结构各类别的认知原型等级性来设计各类别在教材中出现的先后顺序，从可接受程度的调查来看，这样的设计比较适合留学生内在的一种认知顺序，这种顺序自身就存在，教材不过是把它强化并转化成实际的交际能力。

（三）采取有针对性的教学方法

王立月（2016）指出：在汉语教学过程中要遵循循序渐进的教学原则，由易到难，由简单到复杂。教师进行分层教学可以对教学内容更加具有针对性，分层教学主要是指以下两方面的分层：学生汉语水平的分层和教学内容的分层。对于汉语双宾语句进行的分层教学是指要根据韩国留学生汉语水平的层次来分别进行汉语双宾语句的教学。双宾句的核心是双宾动词，因此，我们要把重点放在双宾动词上，汉语的双宾动词是可以穷尽的，但我们经常用到的不是很多，也就几十个。教师可以把双宾动词由易到难先进行分类，然后再根据这些大概分出来的类逐步进行教学，抓出每种类型里面的典型，重点强调。

赵倩（2015）认为将配价理论运用到双宾语句教学中，是一种穷尽式的教学，在教学过程中，教师能够向学习者展现双宾语句的全貌，而不是一个单纯的句法结构。将三价动词研究运用到教学中，便于教师从深层语义角度解释双宾语句的句法结构，并且对双宾语句进行系统的分类。这有助于学习者系统地理解和掌握双宾语句。冯丽萍、盛双霞（2004）曾对外国学生学习汉语三价动词的习得规律进行调查，通过搜集和整理语料，他们发现学习者不能自由运用三价动词，尤其是在使用索取义动词和置放义动词时，大多采取照搬或模仿课文原句的方法。产生这种现象的原因就在于学习者不能从语义的角度去理解句式，也没有找到动词的深层语义与句式选择之间的关系。将三价动词运用到对外汉语教学中，可以改善传统语法教学中的缺陷，使学习者脱离对句型公式生搬硬套的窘境，而是从理解的角度灵活运用语言。

（四）提高练习的有效性

练习对于汉语双宾句这种复杂的句式至关重要，反复的高频练习才能加深留学生对这一句式的理解，特别是对于不同类型的双宾词语或短语要反复练习、背诵、运用，例如常用双宾动词必须要多练习记忆。但是练习必须是有意义的练习，如果一直机械地练一个句型，不仅效果不明显，学生感到枯燥乏味，而且不恰当的练习比如过多的句型替换也会造成学生使用偏误。我们可以从易到难安排合适的练习，练习类型可以包括造句、连词成句、选择、改错、句型变换、情境练习等。曾丽娟（2013）指出，可以针对双宾结构的偏误类型，适当安排排序、造句、填空、选择、改错、重组句子等练习，加深留学生对双宾语结构的掌握。

《汉语教程》双宾语句组句练习：

教　阅读　林老师　和　我们　听力

给　一本　我爸爸　我　词典

问题　老师　我们　常常　问

常常　我　老师　问题　的　回答

我　中文　图书馆　一本　借　书（《汉语教程》第一册下 第 20 课）

同时，我们在讲解新的知识时，可以把之前所学的句式带入练习，分析异同。在教学活动中，教师可以设计一些交际活动，让留学生在完成活动的过程中运用所学的语法结构，不断复习学过的语法知识，加深留学生对现代汉语语法的认识。教师在讲解双宾语的时候，可以举出典型双宾语句，并布置类似的句子作为练习，训练留学生对典型双宾语句的认知敏感度。此外，教师可以采取与学生互动的方式，如果教师在课堂中不停地讲解语法会让学生产生一定的厌烦情绪，教师可以多给留学生机会去练习，鼓励他们用汉语去交际，使学生在不知不觉中掌握所学的语法规则。在练习方式上可以采用多样的、有趣的方式。在讲解现代汉语语法时要注意变换不同的方式，以避免语法讲练容易造成的枯燥。

王志军（2010）特别指出，结构练习的设计要注意难易结合、循序渐进地展示各类双宾语句，例如：从给予类开始，再过渡到告知类、表称类等。另外，学习者的水平不可能是一致的，结构性练习的难易程度要根据语言水平进行设计。另外，结构性练习并不是完全抛弃意义，在表示实际意义中的句子中练习才可以加深巩固所教授的知识。

汉语双宾结构是对外汉语教学中一个比较难的结构，这必然导致留学生学习汉语双宾语结构时出现的偏误也比较多，也就更需要我们的关注。但是实际上，不管是研究者还是教材，目前对汉语双宾结构教学还不够重视：以汉语作为第二语言教学为角度来研究汉语双宾结构的文章还不是很多，在教材中对汉语双宾结构注解都非常简单。当然也意味着在这一个问题上，对外汉语教学者还有比较大的研究空间。

参考文献

[1] 刘珣:《对外汉语教育学引论》，北京语言大学出版社 2000 年版。

[2] 刘珣:《汉语作为第二语言教学简论》，北京语言大学出版社 2002 年版。

[3] 刘月华:《实用现代汉语语法》，商务印书馆 1983 年版。

[4] 陆庆和:《实用对外汉语教学语法》，北京大学出版社 2006 年版。

[5] 吕叔湘、朱德熙:《语法修辞讲话》，辽宁教育出版社 2002 年版。

[6] 吕叔湘:《中国文法要略》，商务印书馆 1982 年版。

[7] 陆俭明:《对外汉语教学与汉语本体研究的关系》,《语言文字应用》2005 年第 1 期。

[8] 齐沪扬:《对外汉语教学语法》，复旦大学出版社 2005 年版。

[9] 王力:《中国现代语法》，商务印书馆 1985 年版。

[10] 杨寄洲:《汉语教程第一册下》，北京语言大学出版社 2007 年版。

[11] 朱德熙:《语法讲义》，商务印书馆 1982 年版。

[12] 黄伯荣、廖序东:《现代汉语（增订五版）》，高等教育出版社 2012 年版。

[13] 刘丹青:《.汉语给予类双及物结构的类型学考察》,《中国语文》2001 年第 5 期。

[14] 黎锦熙:《新著国语文法》，商务印书馆 1998 年版。

[15] 吕文华:《对外汉语教学语法探索》，北京语言大学出版社 2008 年版。

［16］李宇明:《领属关系与双宾句分析》,《语言教学与研究》1996年第3期。

［17］卢福波:《对外汉语教学实用语法》, 北京语言大学出版社1996年版。

［18］李勉东:《现代汉语语法研究》, 东北师范大学出版社2003年版。

［19］李临定:《双宾句类型分析》,《语法探索与研究》, 语文出版社1984年版。

［20］满在江:《汉语双宾语结构句法研究述评》,《岱宗学刊》2005年第4期。

［21］满在江:《生成语法理论和汉语双宾语结构》,《现代外语》2003年第3期。

［22］马庆株:《现代汉语双宾句构造 . 语言学论丛》, 商务印书馆1983年版。

［23］齐晓峰:《韩国语汉字词的母语迁移与教学对策》,《北京第二外国语学院学报》2008年第1期。

［24］齐沪扬:《现代汉语》, 商务印书馆2007年版。

［25］全裕慧:《汉英S+V+0l+02句式对比及汉语教学》,《汉语学习》2002年第3期。

［26］施家炜:《外国留学生22类现代汉语句式的习得顺序》,《世界汉语教学》1998年第4期。

［27］王健:《现代汉语双宾句研究综述》,《常熟理工学院学报》2006年第5期。

［28］徐峰:《“给予”动词的语义和语用研究》,《华东师范大学学报》2002年第2期。

［29］杨树达:《高等国文法》, 商务印书馆1984年版。

［30］袁明军:《与“给”字句相关的句法语义问题. 汉语动词和动词性结构》, 北京语言学院出版社1992年版。

［31］延俊荣:《双宾句研究述评》,《语文研究》2002年第4期。

［32］张伯江:《现代汉语的双及物结构式》,《中国语文》1999年第3期。

[33] 李敏:《双宾动词的词汇语义与双宾语句式语义的互动》,《世界汉语教学》2006 年第 4 期。

[34] 林艳:《汉语双宾构式句法语义研究》, 北京语言大学出版社 2013 年版。

[35] 陆俭明:《现代汉语配价语法研究序》,《汉语学习》1995 年第 4 期。

[36] 沈家煊:《句式和配价》,《中国语文》2000 年第 4 期。

[37] 陈昌来:《现代汉语句子》, 华东师范大学出版社 2000 年版。

[38] 马庆株:《汉语动词和动词性结构: 现代汉语的双宾语构造》, 北京大学出版社 2005 年版。

[39] 陈建民:《现代汉语句型论》, 语文出版社 1986 年版。

[40] 李临定:《动词的宾语和结构的宾语》,《语言教学与研究》1984 年第 3 期。

[41] 王立月:《韩国留学生双宾语句偏误研究》,《上海师范大学硕士论文》2016 年。

[42] 曾丽娟:《汉英双宾结构对比及在对外汉语教学中的应用研究》,《湖南大学硕士论文》2013 年。

[43] 屈梅娟:《基于 HSK 动态作文语料库的双宾语句习得研究》,《文教资料》2014 年第 4 期。

[44] 赵倩:《基于三价动词研究的对外汉语双宾语句教学》,《辽宁大学硕士论文》2015 年。

[45] 何莉芳:《现代汉语双宾语句句法研究刍议》,《韶关学院学报》2010 年第 7 期。

[46] 徐志林:《近 90 年来汉语双宾句式研究述评》,《广东教育学院学报》2010 年第 1 期。

[47] 徐春兰:《对维吾尔族学生习得汉语双宾语句的偏误分析研究》,《现代语文(语言研究版)》2012 年第 3 期。

[48] 潘淼:《英语为母语的留学生“给予”义双宾语的习得》,《华中师范大学硕士论文》2014 年。

[49] 刘敏:《汉语作为第二语言的双宾语构式的习得研究》,《湘潭大学硕士论文》2014 年。

[50] 王志军:《基于认知的现代汉语双宾句式教学研究》,《福建师范大学硕士论文》2010 年。

[51] 王红厂、郑修娟:《中级阶段留学生双宾语句式的学习难度顺序与偏误分析》,《沧州师范学院学报》2014 年第 4 期。

第十讲

比较句

汉语比较句作为现代汉语中一个重要的语法范畴，语言学界对它进行了较为深入的研究，取得了丰富的本体研究成果。这些成果中综合论述的有：马建忠（1898）、黎锦熙（1924）、吕叔湘（1942）、高名凯（1948）、赵金铭（2001）等从整体上对汉语比较范畴进行了界定。而绝大部分成果是对汉语中一种或几种比较句的研究，其中对“比”字句的研究最为充分：邓文彬（1987）研究了“比”字句的生成条件和起源；邹韶华（1988）从语用的角度探讨了“比”字句的积极性特征；朱德熙（1983）、李临定（1986）、马真（1986）、邵敬敏（1990）、刘慧英（1992）、包法莉（1993）等从省略、替换等角度对“比”字句比较项不对称这种现象进行了解释；任海波（1987）、许国萍（1997）、邵敬敏、刘众（2002）对结论项的句法结构类别、语义特征进行了论述；陆俭明（1980）、黄祥年（1984）讨论了“比”字句结论项中“更”和“还”的差别；唐厚广（1997）从三个平面的语法观出发，对“不如”句各个组成部分的特征及整个句式的句法、语义和语用结构进行了分析；陈群（1999）对“越来越”句的表达功能、语义特征、句法功能和结构类型进行了探讨。

张蕾（2008）指出，从对外汉语教学角度分析留学生学习汉语比较句所存在问题的文章还比较少，大都涉及某种比较句式或几种比较句式的某一方面，如吕文华（1999）从对外汉语教学的角度出发，把“比”字句按形式由简及繁、语义由浅及深进行不同等级的切分；刘苏乔（2002）从留学生的偏误入手，对表比较的“有”字句进行了句法、语义、语用三个层面的研究；史有为（1994）从留学生的偏误出发，探讨了“没有”句结论项的语义限制；卢福波（2004）探讨了汉语比较句中肯定式与否定式的不对称现象。

汉语里用来表示比较的方式，从大的方面来看，可以分为两大类：一类是比较事物、性状的异同；一类是比较性质或程度的差别、高低，每一大类中又包含一些不同的比较格式。凡是用来作比较的句子都称作比较句。比较常用的比较句有“比”字句、“不如”句、“跟 / 和 / 同 / 与 / 像……一样”句、介词“有”字句、“越来越”“越……越……”句等。

一、比较句的语法特征

汉语中表示比较的方式多种多样，每种对外汉语教材涉及的汉语比较句式都不完全相同。我们参考了《汉语水平等级标准与语法等级大纲》、多部使用广泛的教材及两部影响较大的对外汉语语法著作，试图将它们普遍涉及、较为常用的比较句式作为本文的研究重点。通过考察，我们确定以下五种比较句式为本文的研究对象：（一）由介词“比”引入比较对象的比较句，简称为“比”字句；（二）以“有”引入比较对象的比较句，简称为“有”字句，其否定式简称“没有”句；（三）以“不如”引进比较对象的比较句，简称为“不如”句；（四）由固定结构“跟（和、同、与）……一样”构成的比较句，简称为“一样”句；（五）用“越来越”表示比较的句子，简称为“越来越”句。

（一）“比”字句

“比”字句是指表示两个人或两种事物在性质、程度的差别或高低的（也可用于同一事物的不同时期的比较）的一种格式，用介词“比”引出比较的对象，用谓语表示比较的结果，“比”与其宾语在句中作状语。例如：

（1）姐姐比我大三岁。

（2）山本比我高。

（3）玛丽的汉语比安东好多了。

“比”字句是汉语中一种形式多样、使用频率很高的比较句，所以已有的研究成果对“比”字句的研究较多。用“比”字句可以比较性质、程度的差别、高低。

1.“比”字句的的结构类型

A “A+ 比 B+ 形 / 动”

在这种句式中，作为比较方面的词语可以是形容词、动词，以及形容词词组、动词词组、主谓词组等。

（1）姐姐比妹妹高

（2）玛丽比我喜欢他

（3）小狗比小猫听话

有时，在形容词、动词等后面还可以加上“一点儿”“一些”“多”“得多”或数量补语等。

（1）姐姐比妹妹高一点儿。

（2）今天比昨天冷得多。

（3）哥哥比弟弟胖多了。

这种句式很少用正反疑问式提问，多半用“吗”。

（1）哥哥比弟弟高吗？

或者用特指问句：

（1）哥哥比弟弟高多少？

否定式：

（1）哥哥不比弟弟高。（意思是两人差不多高）

注意 1：数量词语放在形容词后，补充说明数量，不能放在形容词前。

（1）* 姐姐比妹妹两厘米高。

应该改为：姐姐比妹妹高两厘米。

注意 2：比较的一项内容一般不能省略，被比的一项相同的内容常常可以省掉。

（1）他的公寓比我的（公寓）大。

（2）* 他比我的公寓大。

注意 3：表示比较差距大时，“比”字句中不能使用程度副词“很、最、非常”等。其他表示程度的副词，如“非常”“极”等也不能用在“比”字句里。如果要说明比较的双方差别很大，应该说“比……得多”或“比……多了”。例如：

（1）* 玛丽的汉语比安东很差。

（2）玛丽的汉语比安东差得远了。

（3）* 山本的房间比我的非常小。

（4）山本的房间比我的小得多。

注意 4：否定副词“不”必须放在“比”之前，不能放在谓语的前面，例如：

（1）* 巴特的口语比玛丽的不高。

（2）巴特的口语不比玛丽的高。

B“A（主语）+ 比 B（状）+‘早’‘晚’‘多’‘少’等 + 动 + 补语”

（1）玛丽比安东早来十分钟。

（2）今天你来得比昨天晚一些。

这种句式没有正反疑问式，但可以用特指问句：

（1）山本比玛丽多学多长时间汉语？

（2）安东得比玛丽晚来几分钟？

注意：这种句式很少用否定形式。“多”“少”或“早”“晚”作状语，一定要放在谓语动词前边，而不能放在“比”前边。如：

（1）我比他多花了十元钱。

（2）她比我少花了十元钱。

C“A+ 比 B+ 动 +‘得’+ 程度补语”

这类句式中“比 B”可以在动词前，也可以在补语前。

（1）姐姐比我跳得高。

（2）山本写字比我写得好。

（3）王明来得比我早。

这种句式不常用正反疑问式。否定形式是：

（1）她写字不比我（写得）快。

（2）她睡得不比我晚。

注意 1：作为补语的形容词后面，不能再带表具体差别的数量词，程度补语和数量补语不能同时出现。如我们不能说：

（1）* 玛丽来得比我晚十分钟。

（2）* 安娜游得比我快十秒。

这两个句子里既有数量补语，又有程度补语“来得晚”“游得快”。一个句子中不能同时用两种补语，这时应去掉程度补语中的“得”，将形容词作状语用在动词之前。这种句子的格式是："比" + 人 / 物 + 形容词（作状语）+ 动词谓语 + 数量补语。

注意 2：动词后边有宾语的话，可以有两种方式：

（1）山本写汉字写得比我好多了。（重叠动词）

（2）山本汉字写得比我好多了。（宾语提前）

注意 3：表示在哪方面比较的动词或比较其结果的形容词不能省掉。

（1）* 安东自行车比我快多了。（遗漏"骑"）

（2）* 安东自行车骑得比我多了。（遗漏"快"）

D"A+ 比 B+ 动（表示提高、减少之类）+ 宾"

这类句式多表示同一事物在不同时间或不同情况下性质程度的差异。动词含有增加或减少，提高或降低之类的意义。

（1）学校的招生人数比去年增加了 200 人。

（2）哥哥的体重比去年减少了十斤。

这种句式的正反疑问式是：

（1）学校的招生人数比去年增加了没有？

（2）哥哥的体重比去年减少了没有？

否定形式是：

（1）学校的招生人数没有增加。

（2）哥哥的体重没有减少。

E"主语 +A 比 B + 形 / 动"

"一年比一年""一天比一天"等就是常用的"A 比 B"式结构，在句中作状语，表示程度差别的累进。

（1）玛丽汉语说得一天比一天好。

（2）他的口语一次比一次流利。

（3）来中国学习汉语的留学生一年比一年多。

注意：用了"一天比一天"等这种格式作状语后，动词或形容词之后就不能再用"一点儿""得多"等。

（1）* 玛丽汉语说得一天比一天好得多。

（2）* 他的口语一次比一次流利一点儿。

这种句式一般不用正反疑问句式或否定形式。

F“比”字句中的“更”“还”“再”

用“A 比 B 更（或‘还’‘再’）”格式时，表示 B 已有了已定程度“得”的意思。用“再”时，多为假设、疑问或否定句。

（1）蓝色比红色更漂亮。

（2）那个房子就算比这个再好，我也不想买。

（3）安东的汉语说得非常好了，没想到玛丽比他说得还好。

（4）有没有比这个再便宜的？

这种句式很少用正反疑问式，否定形式式“……不比……”（此时只能用“更，不能用“还”“再”）。

2.“比”字句的基本格式

基本格式 1：A + 比 + B + a

哥哥 比 弟弟 高

汉语 比 英语 难

基本格式 2：A + 比 + B + a + 得多

今天 比 昨天 冷 得多

我 比 妹妹 胖 得多

A + 比 + B + a + 多了

北京 比 大连 热 多了

沈阳 比 大连 冷 多了

A + 比 + B + a + 一点儿

这件 比 那件 大 一点儿

我的 比 他的 贵 ·点儿

A + 比 + B + a + 数量短语

姐姐 比 妹妹 高 一头

苹果 比 桔子 重 十斤

A + 比 + B + a（早、晚、多、少、快、慢）+ v + 数量短语

小王 比 小李 早 来 十分钟

杰克 比 安东 多 喝 一瓶啤酒

基本格式 3：A + 方面 + 比 + B + a

杰克 汉语 比 玛丽 好

玛丽 唱歌 比 安妮 好

A + v + 得 + 比 + B + a

安东说 得 比 玛丽 好

玛丽唱 得 比 安妮 好

A + 比 + B + v + 得 + a

安东 比 玛丽 说 得 好

玛丽 比 安妮 唱 得 好

A + v + o + v + 得 + 比 + B + a

安东说 汉语 说 得 比 玛丽 好

玛丽唱 中文歌 唱 得 比 安妮 好

A + o + v + 得 + 比 + B + a

安东 汉语 说 得 比 玛丽 好

玛丽 中文 歌唱得比安妮好

基本格式 4：A + 比 + B + 还 + a

弟弟 比 哥哥 还 高

旧的 比 新的 还 贵

A + 比 + B + 更（更加、稍）+ a

这本 比 那本 更 难

汉语 比 日语 稍 简单

A + 比 + B + 再 + a， 也、就 + 其他（假设）

这件 比 那件 再 便宜，我也不买

这件 比 那件 再 便宜一点儿，我就买

基本格式 5：A + 比 + 疑问代词 + 都 + a

玛丽 比 谁 都 聪明

大连 比 哪儿 都 漂亮

基本格式 6：A + 比 + B +（还、更）+ 心理动词 + 宾语

山本 比 玛丽 还 想 家

男生 比 女生 更 喜欢 运动

A + 比 + B + 其他动词（增加、减少）+ 其他

今年的产量 比 去年 增加 了两倍

她的体重 比 以前 减少 了不少

基本格式 7：A + 一量 + 比 + 一量 + a

孩子 一天 比 一天 高

生词 一课 比 一课 多

否定格式：A + 不比 + B + a

姐姐 不比 妹妹 高

新的 不比 旧的 好

语法结构小结：

第一，形容词前面一定不能加"很、非常、十分"等程度副词。

第二，否定形式："不"要放在"比"的前面，而不是形容词前面。

关于"比"字句的否定形式的语义和语用研究也有很多，如徐燕青在《"不比"型比较句的语义类型》中指出，在语言的实际运用中，由于受到多种因素不同程度的影响，"不比"句相应地产生多种多样的语义。余敏《"比"字句的否定形式"不比"的语用分析》将"A 不比 B+VP"细分为"A 不比 B.VP""A 不比 B.VP+ 数量""A 比 B.VP 不 + 数量"三种句式，从预设的角度进行了详细的解释。吴福祥《试说"X 不比 Y.Z 的语用功能"》认为"X 不比 Y.Z"是一种反预期结构式，其语用功能是表达一种反预期信息，即与受话人的预期相反、与说话者自己的预期相反、与特定言语社会共享的预期相反。

（二）“有”字句

用“有”或“没有”进行比较，表示一事物在所比较的方面达到或没有达到另一事物的程度（也可以用于不同事物不同时期的比较），“有”“没有”与其宾语在句中作状语。例如：

（1）妹妹有姐姐高了。

（2）大连没有沈阳那么冷。

1.“有”字句的语法特征

基本结构：A+ 有 +B（名词性词语）+ 形容词性词语。例如：

（1）儿子已经有爸爸高了。

（2）玛丽汉语说得没有巴特标准。

“有”表示达到某种标准或程度的意义，所以后面的形容词前常常配有“这么”“那么”“这样”“那样”等词语，有时，这类词语可以省略。

（1）弟弟有哥哥那么高了。

（2）没想到玛丽的汉语水平有这么高了。

否定形式是“没”或“没有”。

（1）我没他那么有钱。

（2）安东汉语说得没有玛丽好。

注意 1：用“有”或“没有”表示比较时，一般格式是：A+“有”（或“没有”）+B+（“这么”或“那么”）+ 比较的方面。这种格式表示 A 在比较的方面达到了跟 B 一样的程度，这种方式的比较，一般多用“没有”，而“有”多用于疑问句。

（1）玛丽的汉语有山本那么好吗？

（2）玛丽的汉语没有山本那么好。

注意 2：除形容词外，表程度的动词或能愿动词也都可以用。例如：

（1）玛丽没有安东那么喜欢学习汉语。（心理动词）

（2）我没有她那么愿意买奢侈品。（能愿动词）

注意 3：形容词的性质。《实用现代汉语语法》中有这样的话：“这种有字句中所用的形容词，一般都是长、宽、高、粗、大、重等，而不用短、窄、矮、细、小、轻、浅等。”一般情况下表达上通常选用量度重的形容词。如“他有我这么高”，这里的“高”实际上指的是“高矮”，并不说明“我”就一定“高”（除非这里的“高”重读）。

我们不说“他有我这么矮”，因为“矮”在这里不表示量度（即高度）。可以这么说：“他有我这么高”表示的语义是“他的个子和我差不多”；而“他有我这么矮”表示的语义是“他的个子和我差不多矮”。

一米高的台阶　　*一米低的台阶

五米宽的路　　*五米窄的路

十米长的绳子　　*十米短的绳子

十斤重的包裹　　*十斤轻的包裹

2.“有”字句的基本格式

基本格式1：A＋有＋B＋a

弟弟 有 哥哥 高

妹妹 有 姐姐 漂亮

基本格式2：A＋有＋B＋这么、那么、这样、那样＋a

儿子 有 爸爸 这么 高

大连 有 北京 那么 贵

基本格式3：A＋方面＋有＋B＋a

杰克 汉语 有 玛丽 好

玛丽 唱歌 有 安妮 好

A＋v＋得＋有＋B＋a

安东 说 得 有 玛丽 好

玛丽 唱 得 有 安妮 好

A＋有＋B＋v＋得＋a

安东 有 玛丽 说 得 好

玛丽 有 安妮 唱 得 好

A + v + o + v + 得 + 有 + B + a

安东 说 汉语 说 得 有 玛丽 好

玛丽 唱 中文 歌 唱 得 有 安妮 好

A + o + v + 得 + 有 + B + a

安东 汉语 说 得 有 玛丽 好

玛丽 中文 歌 唱 得 有 安妮 好

否定格式：A + 没有 + B + a

今天 没有 昨天 冷

汉语 没有 英语 难

疑问格式：A + 有 + B + a + 吗

这件 有 那件 长 吗

妹妹 有 姐姐 漂亮 吗

A + 有没有 + B + a

这件 有没有 那件 长

妹妹 有没有 姐姐 漂亮

3. “不比”与“没有”比较句的区别

第一，“A+ 不比 +B + 形容词”，形容词不分积极、消极的意义，“A+ 没有 +B+ 形容词”，形容词一般带有积极色彩的形容词。例如：

我不比你矮 * 我没有你矮

我不比你高 我没有你高

第二，“ A+ 没有 +B+ 形容词”强调的是一般比较，突出“B+ 形容词”；而“A+ 不比 +B + 形容词”强调两者“差不多 + 形容词”或“都不 + 形容词”。“我没有你高”是“你高”。而“我不比你高”是“我和你差不多高”。有时用“不比”否定，是为了强调句中形容词反义的肯定意义。如“大连的物价不比北京低”，言外之意是“大连的物价和北京都不低”。

第三，用“比”构成的比较句，多以肯定形式出现，如果否定的话，多用“没有”的形式。这和直接在“比”前加“不”是不同的。否定词不能放在形容词前。例如：

（1）这件衣服比那件衣服漂亮。（肯定）

（2）那件衣服没有这件衣服漂亮。（否定）

“比”字前虽然可以加“不”进行否定，但是跟用“没有”否定，用法意义有差别。否定形式“不比……”只说明“前者不比后者更……”，而不表示“后者比前者……”。例如“他不比我高”，不能说明“我比他高”，虽然实际上可能是“我比他高”。

第四，用“不比”否定时，有时含有辩驳的语气。例如：

（1）我什么都不比他差，我怎么就找不到女朋友呢?

（2）谁说女子不如男，姐姐学习一点儿也不比哥哥差。

语法结构小结：

第一，形容词前面一定不能加“很、非常、十分”等程度副词，可以加“这么、那么、这样、那样”指示代词。

第二，形容词后面不能加比较的程度，如 *“杰克汉语有玛丽好多了”。

第三，否定形式：用“没有”否定。

第四，形容词一般为积极意义的。

（三）“不如”句

“不如”用来表示一个人或一种事物比不上另一个人或另一种事物，是否定意义的比较。用“不如”进行比较，表示一事物在所比较的方面“不及”或“比不上”另一事物（或同一事物不同事物的比较）。

1.“不如”句的语法特征

A+ 不如 +B+ 形容词

A+ 不如＋B＋（这么）（那么）/（这样）（那样）＋形容词

“不如”是动词，在句中作谓语主要成分。“A 不如 B”意思是“A 没有 B 好”，也可以说“A 不如 B 好”。如果要比较的不是好坏，而是其他方面，那就必须在 B 后面说出比较的方面。

（1）玛丽汉语不如安娜好。

（2）亚历山大写汉字不如山本快。

（3）弟弟不如哥哥长得那样帅。

用“不如”表示比较时，说明的是A和B在某一方面的程度差别。在这个句子中，动词谓语“说”的后面带有宾语“汉语”，当后面还要加上表示程度的词，如“好”或“流利”等时，应重复动词“说”，再加上“得”和程度补语。这种句子的格式是：主语+“不如”+人+动词+宾语+重复的动词+“得”+程度补语。

注意1：句中的形容词一般是具有积极意义的，一般不用消极意义的形容词。例如：

（1）妹妹不如姐姐长得漂亮。

（2）她的房子不如我的宽敞。

刘峰（2004）认为汉语的多数比较句对充当比较值的词语都有一定的语义限制，不同的比较句对充当比较值的词语有不同的选择。能充当“有”字句、“没有”句以及“不如”句比较值的词语一般要具有积极义，这里的“积极义”是指说话人赞同、向往、希望和喜欢的意义；具有消极义的词语一般不能充当这三种比较句的比较值，这里的“消极义”是指说话人否定、不希望、不喜欢的意义；在少数情况下，具有中性义的词语也能充当比较值，“中性义”是指说话人不带感情色彩、只做客观描写的意义。“比”字句的比较值则没有这种语义限制，这也是这几种比较句的不同之处之一。“比”字句的比较值为消极意义时，其否定不能用“不如”句，如“小张比小王丑”，其否定不能是“小张不如小王丑”。

注意2：比较的方面可以作为提示成分出现，也可以放在被比较的对象后面。提示成分相对自由等。放后面的和“比”字句相同，这两方面也常常共现。

（1）汉语口语，玛丽不如安娜。

（2）城市环境，我们这儿不如大连。

注意3：在动词带有程度补语的句子里，“不如”可以放在要比较的成分之前，或放在“得”字之后。例如：

（1）这次考试不如上次考得好。

（2）这次考试考得不如上次好。

2.“不如”句的基本格式

基本格式 1：A + 不如 + B

弟弟 不如 哥哥

黑色 不如 红色

基本格式 2：A + 不如 + B + a

韩国菜 不如 中国菜 好吃

哥哥 不如 弟弟 聪明

A + 不如 + B + 这么、那么、这样、那样 + a

玛丽的汉语 不如 杰克 那么 流利

包子 不如 饺子 这么 好吃

基本格式 3：A + 方面 + 不如 + B +（a）

杰克 汉语 不如 玛丽（好）

玛丽 唱歌 不如 安妮（好）

A + v + 得 + 不如 + B +（a）

安东说 得 不如 玛丽（好）

玛丽唱 得 不如 安妮（好）

A + 不如 + B + v + 得 + a

安东 不如 玛丽 说 得 好

玛丽 不如 安妮 唱 得 好

A + v + o + v + 得 + 不如 + B +（a）

安东 说 汉语 说 得 不如 玛丽（好）

玛丽 唱 中文 歌唱 得 不如 安妮（好）

A + o + v + 得 + 不如 + B +（a）

安东 汉语 说 得 不如 玛丽（好）

玛丽 中文 歌唱 得 不如 安妮（好）

语法结构小结：

第一，形容词前面一定不能加“很、非常、十分”等程度副词，可以加“这么、那么、这样、那样”指示代词。

第二，形容词后面不能加比较的程度，如 *“弟弟不如哥哥聪明一点儿”。

第三，没有肯定形式，如 *“弟弟如哥哥聪明”。

第四，形容词一般为积极意义的。

（四）跟（和、同、与、像）……一样（相同、差不多）

用“跟 / 和 / 同 / 与 / 像……一样”来比较两个人或两种事物在性质、状态、数量或程度上的异同，表示两事物相同。例如：

（1）这间房子的面积跟那间一样。

（2）这件衣服跟那件一样贵。

“跟 / 和 / 同 / 与……一样”字句的基本格式：

A+ 跟 / 和 / 同 / 与＋……一样＋形容词

（1）哥哥跟弟弟一样高。

（2）今天跟昨天一样热。

（3）他跑得跟我一样快。

（4）玛丽和安娜一样漂亮。

注意 1：“一样”后面不能连带名词性词语；比较的内容放到“一样”前面。例如：

（1）* 这两件衣服一样价钱。

（2）这两件衣服价钱一样。

注意 2：“一样”前可以接表示接近或不够“一样”的词语，如：“差不多”“几乎”“不太”等，但是不能接程度副词。肯定各方面一样时，可以用副词“完全”。“一样”后面不能接名词性成分，表比较的内容放到“一样”前。

（1）弟弟长得跟哥哥差不多一样高。

（2）姐妹俩长得几乎一样高。

（3）这两本书的体例不太一样。

（4）* 女儿长得跟妈妈很一样。

“跟 / 和 / 同 / 与……一样”可以作定语、状语

（1）安东要买一个跟玛丽一样的汉语词典。（定语）

（2）玛丽和山本一样喜欢中国。（状语）

能愿动词“能、会”等一般要放在“跟 / 和 / 同 / 与……一样”的后边。

（1）她跟你一样能说会唱。

（2）我们跟你一样愿意帮助她。

“跟”前后的两个中心语相同时，常常省略“跟”后面的中心语。

（1）这本汉语书跟那本（汉语书）一样有趣。

（2）我的房间跟你的（房间）一样大。

这种句子的正反疑问形式是：

（1）这件衬衫跟那件衬衫一样不一样？

否定式是：A ＋跟 / 和 / 同 / 与＋……不一样

用“不”否定“一样”，表示不同，或者用“不同”替代。表示完全“不一样”时，可以在“不”前加“完全”“根本”等副词。可以直接在“一样”前加“不”“不太”。例如：

（1）这两条裙子尺寸不一样。

（2）哥哥和弟弟长得完全不一样。

（3）* 这件的款式不跟那件一样。

基本格式：

跟（和、同、与）……一样

基本格式 1：A + 跟（和、同、与）+ B + 一样

这本 跟 那本 一样

她的 跟 我的 一样

基本格式 2：A + 跟 + B + 一样 + a

大连 跟 北京 一样 贵

今天 跟 昨天 一样 冷

基本格式 3：A + 方面 + 跟 + B + 一样 +（a）

大连 物价 跟 北京 一样 高

杰克 写汉字 跟 中国人 一样 好

A + v + 得 + 跟 + B + 一样 + (a)

安东 讲 得 跟 玛丽 一样(好)

玛丽 弹 得 跟 安妮 一样(好)

A + 跟 + B + v + 得 + 一样 + a

安东 跟 杰克 跑 得 一样 快

儿子 跟 爸爸 长 得 一样 胖

A + v + o + v + 得 + 跟 + B + 一样 + (a)

山本 写 汉字 写 得 跟 小王 一样(好)

玛丽 唱 中文歌 唱 得 跟 中国人 一样(好)

A + o + v + 得 + 跟 + B + 一样 + (a)

山本 汉字 写 得 跟 小王 一样(好)

玛丽 中文 歌 唱 得 跟 中国人 一样(好)

基本格式 4: A + 跟 + B + 方面 + 一样

今天 跟 昨天 温度 一样

这本 跟 那本 价钱 一样

基本格式 5: A + 跟 + B + 一样 + 谓词短语

我 跟 爸爸 一样 都喜欢打太极拳

妹妹 跟 我 一样 也想去旅游

否定格式: A + 跟(和、同、与)+ B + 不 + 一样

我的书 跟 玛丽的 不 一样

这家 跟 那家 不 一样

A + 不 + 跟(和、同、与)+ B + 一样

我的书 不 跟 玛丽的 一样

这家 不 跟 那家 一样

疑问格式: A + 跟(和、同、与)+ B + 一样 + 吗

大连的房价 跟 北京 一样 吗

这件 跟 那件 一样 吗

A + 跟（和、同、与）+ B + 一样不一样

这个词 和 那个词 一样不一样

相声 和 小品 一样不一样

……像……一样

基本格式 1：A + 像 + B

儿子 像 妈妈

小王 像 运动员

A + 很（非常、十分、特别）+ 像 + B

儿子 很 像 妈妈

这个人 特别 像 我哥哥

基本格式 2：A + 像 + B + 这么、那么、这样、那样 + 谓词

玛丽 像 妈妈 那么 细心

杰克 像 哥哥 那样 喜欢音乐

基本格式 3：A + 像 + B + 一样 + 谓词

弟弟 像 明星 一样 帅

姐姐 像 模特 一样 苗条

否定形式：A + 不 + 像 + B +（其他）

我 不 像 姐姐

大连 不 像 北京 那么冷

语法结构小结：

第一，形容词前面一定不能加“很、非常、十分”等程度副词，如 *“大连物价跟北京一样很高”。

第二，形容词后面不能加比较的程度，如 *“安东跟杰克跑得一样快极了”。

第三，否定形式，“不”可以放在“一样”的前面，如“这本书跟那本书不一样”。也可以放在“跟”的前面，如“这本书不跟那本书一样”。

（五）“越来越”/越……越……

用“越来越”可以表示某人或某事物在某方面的程度是随着时间的推移而产生变化。

基本结构：主语 + 越来越 + 谓语

（1）天气越来越暖和了。

（2）我越来越瘦了。

“越来越”只能在谓语前作状语，而不能放在主语前边。

（1）学习汉语的人越来越多了。

（2）* 越来越学习汉语的人多了。

如果有状态补语时，“越来越”要放在谓语的后边，状态补语的前边。

（1）他长得越来越胖了。

（2）* 他越来越长得胖了。

形容词或表示心理活动的动词作谓语时，“越来越”后边不能用“很、太、非常”等程度副词。

（1）* 天气越来越十分热了。

（2）* 天气越来越热多了。

（3）* 天气越来越热很多。

“越来越”表示的是发展、变化的意义，句尾常常加“了”。

（1）他汉语说得越来越好了。

（2）天气越来越热了。

注意 1：“越来越”不能放在一般动词的前面。

（1）* 风越来越刮得大。

（2）风越来越大了。

（3）风刮得越来大了。

“越来越”后面的谓语应该表示变化的方面，常常由形容词或表示心理活动的动词充当，如上面例句中“越来越大”中的“大”。而这句话里的“刮”是一个一般性动词，不能用在“越来越”后面。由于“越来越”位置错误而成为偏误句。“越来越”表示的是程度的变化，它后面的谓词性词语必须具有程度变化的语义特征，并且句子末尾常用“了”表示变化的实现，否则是不能用于“越来越”后面的。

注意 2：“越来越”的后面不能再用其他的程度副词。“越来越”表示程度随时间的变化而变化，它的后边不能再用其他程度副词，如“很”“非常”“比较”等。

（1）* 天气越来越很热了。

（2）天气越来越热了。

基本格式 1：主语 + 越来越 + a +（了）

天气　越来越　暖和　了

玛丽　越来越　胖　了

基本格式 2：主语 + V + 得 + 越来越 + a +（了）

天气　变　得　越来越　暖和　了

车　开　得　越来越　快　了

基本格式 3：主语 + 越 + V + 越 + a +（了）

雨　越　下　越　大　了

安东　越　吃　越　胖　了

语法结构小结：

第一，形容词前面一定不能加“很、非常、十分”等程度副词，如：

* 大连越来越很漂亮

第二，形容词后面不能加比较的程度，如：

* 玛丽越来越苗条多了

第三，一般不用否定形式。

* 我来中国后不越来越喜欢汉语。

二、比较句的偏误分析

从偏误分析的角度进行比较句研究的有：佟慧君（1986）分析了以英语为母语的学生在运用“比”字句、“一样”句、“有 / 没有”句、“不如”句、“越来越”句出现的种种偏误；李大忠（1996）从句式的选用、谓语形容词前加程度副词、“比”字句的否定式以及比较后项是疑问代词的“比”字句四个方面分析了外国人习得汉语“比”字句的偏误，并且分析了谓语形容词前误加程度副词的原因在于类推造成的过度泛化；程美珍（1997）分析了以英语为母语的学生使用“比”字句、“有 / 没有”句、“不如”句、“一样”句、“像”字句、“越来越”句的偏误；叶盼云等（1999）列出了外国人学汉语比较句中“比”字句和“有”字句的一些难点，并且进行了讲解。从语言对比分析的角度看，林书武（1983）、赵永新（1986）、王文斌、陈月明（1996）、陆长缨（2001）、李成军（2001、2003）比较了汉语和英语比较句的差异。

从习得角度进行的研究主要有习得过程研究和习得顺序研究：如王建勤（1999）以英语背景的学习者为调查对象，描写与分析了留学生习得“一样”句表差异比较的否定结构及功能的过程；陈珺、周小兵（2005）考查了有代表性的语法大纲，参照中国人语料和留学生作文，对 17 类比较句式的使用频率和留学生的正确使用相对频率作了统计分析，并以此为依据提出了对外汉语教学中比较句语法点的选项和排序；王茂林（2005）基于暨南大学华文学院“留学生汉语中介语语料库”，对留学生有关“比”字句的使用作了初步考察，发现留学生在使用“比”字句时会出现“误加”“搭配偏误”“误用”和“语序偏误”等偏误形式，并根据不同“比”字句的使用频率和偏误率对“比”字句的各句式的难易度进行了排序。

（一）偏误类型

针对汉语比较句的特点，我们对留学生语料中与比较句相关的内容进行了归纳和分析，根据学生出现的偏误句的不同特点，我们把留学生出现的比较偏误句分为四种偏误类型，分别是：形容词误用；程度副词、程度补语误加；语序错位；结构杂糅。

1. 形容词误用

（1）大连的工资比北京的小。

改正：大连的工资比北京的低（少）。

（2）这个小孩儿比那个小孩儿肥一点儿。

改正：这个小孩儿比那个小孩儿胖一点儿。

解析：例1的比较点是“工资”，我们一般都说工资高或工资低，工资多或工资少，一般不能说工资大或工资小。所以，“小”在语义上与比较点不搭配。例2也是同样的问题，比较点是“体重”，我们一般形容人的体重说“胖瘦”或“重轻”，这里学生误将“肥”和“胖”弄混了。这是由于受到学生母语的负迁移的影响，在英语里，“fat”既可以表示东西或动物，又可以表示人，所以学生误以为汉语也是如此，把“肥”的功能泛化，用到了“人”身上，而汉语里是严格区分的，“肥”只能表示“衣服、动物”等，要表示人必须用“胖”这个词。

（3）我的房间没有你的小。

改正：我的房间没有你的大。

（4）大连的交通不如北京拥挤。

改正：大连的交通不如北京畅通。

解析：例3是“有字”比较句。《实用现代汉语语法》中有这样的话：“这种‘有’字句中所用的形容词，一般都是长、宽、高、粗、大、重等，而不用短、窄、矮、细、小、轻、浅等。”这种“有”字句的形容词可以分为“积极义”和“消极义”两类。所谓“积极义”是指人们所希望、所欣赏的意义，而“消极义”是指人们不希望的意义。例3“我的房间没有你的小”在一般情况下是不能接受的，因为人们一般是希望房间越大越好，一般都说“我的房间没有你的大”，我们问的时候一般问“你的房间多大”而不是“你的房间多小”。

例4是“不如”比较句。一般情况下，“A不如B”句的功能是从某方面否定A，肯定B，句子蕴含着B具有优势，所以句子都带有积极色彩，具有消极义的词语一般是不能充任比较值的。这几个偏误句可改为：“我的房间没有你的大”和“大连的交通不如北京畅通”。如果要表达偏误句的原意，可以把前后两个比较项调换一下，如例3可改为“你的房间没有我的大”，例4可改为“北京的交通不如大连畅通”。

小结：汉语的多数比较句对充当比较值的词语都有一定的语义限制，不同的比较句对充当比较值的词语有不同的选择。能充当“有”字句以及“不如”句比较值的词语一般要具有积极义，这里的“积极义”是指说话人赞同、向往、希望和喜欢的意义；具有消极义的词语一般不能充当这三种比较句的比较值，这里的“消极义”是指说话人否定、不希望、不喜欢的意义；在少数情况下，具有中性义的词语也能充当比较值，“中性义”是指说话人不带感情色彩、只做客观描写的意义。

2. 程度副词、程度补语误加

2.1 程度副词误加

（1）汉语比英语很难。

改正：汉语比英语难多了。

（2）北京的冬天比大连非常冷。

改正：北京的冬天比大连冷得多。

解析：这两个例子都是一个偏误现象，即比字句中形容词前面误加了程度副词。比字句中如果想表示比较的程度，要在形容词后用程度补语表示，而不是在形容词前面用程度副词表示。这类错误在留学生使用“比”字句中很常见。上面说过，我们用性质形容词可以接受程度副词的修饰来证明它们具有程度变化的区间，但当它们接受程度副词修饰之后，绝大部分反而不能进“比”字句了。这是因为程度副词分为两类：绝对程度副词（如“非常、很、挺、极、太”）和相对程度副词（如“最、更、还、越发、比较”）。绝对程度副词与形容词组合后语义是自足的，具有极限程度的意义，由其修饰、限制的相对性质形容词已不表示程度的差异，并不具有程度变化的区间，所以不能用于表示程度差异的“比”字句。因此例1和例2中的程度副词“很”“非常”

都应去掉。

（3）学英语没有学汉语那么非常难。

改正：学英语没有学汉语那么难。

（4）这里的空气跟我的家乡一样非常好。

改正：这里的空气跟我的家乡一样好。

（5）这件衣服的款式跟那件很一样。

改正：这件衣服的款式跟那件一样。

解析：例3是“有”字比较句，这类比较句和比字句一样，形容词前不能用程度副词修饰。例4也是同样的情况，“跟……一样”比较句中，形容词前也不能加程度副词修饰。例5是留学生误将“一样”当作形容词，在其前误加程度副词“很”，如果用其他副词修饰是可以的，如“完全”或“不太”。

（6）玛丽的汉语越来越很好了。

改正：玛丽的汉语越来越好了。

（7）我越来越很喜欢中国的生活了。

改正：我越来越喜欢中国的生活了。

解析：“越来越”本身已含有“变化”的语义特征，用它比较的句子表示的是一个程度变化的过程，所以用“越来越”表示比较的句子中不能再出现程度副词，如“很”“非常”“比较”。形容词或表示心理活动的动词作谓语时，“越来越”后边不能用“很、太、非常”等程度副词。

2.2 程度补语误加

（1）弟弟没有哥哥高一点儿。

改正：弟弟没有哥哥高。

（2）汉语跟日语一样难多了。

改正：汉语跟日语一样难。

（3）来中国的留学生一年比一年多很多。

改正：来中国的留学生一年比一年多了。

（4）天气越来越冷极了。

改正：天气越来越冷了。

解析：这几个例子属于同一偏误现象，即形容词后误加程度补语。前面我们说过，比较句中不可以在形容词前加程度副词，一般在后面加程度补语。但这里要强调的是，不是所有的比较句都可以在形容词后加程度补语，我们一般所说的程度补语一般只限于“比字句”。其他比较句类型不适用。例 1 和例 2 分别是“有字”和“跟……一样”比较句。它们只强调比较项的相似程度，而不表示差异的具体程度，所以这类比较句中一般不出现程度补语。例 3 是特殊的比较句，“一年比一年”本身表示“变化义”，与“越来越”相似，句中不可以再出现程度副词。所以例 3 和例 4 是一样的，都不能出现程度补语。汉语里如果想用“比”字句表达差别的不同，可在形容词后加上补语“得多、多了”，表示差异很大，也可在谓语中心后加上不定量的补语“一点儿、一些”表示差别不大。留学生在形容词后加这些模糊数量补语时，常出现偏误，其中比较常见的是“得多”用作“得很”“很多”，“多了”用作“多”，“一点儿”用作“有点儿”。

3. 语序错位

语序错位的偏误指的是由于句中的某个或某几个成分放错了位置而造成的偏误。主要是因为学生不明确句子成分之间的关系，在使用句子时随意安排句子成分的顺序造成的。

3.1 比较项错位

（1）比昨天今天很冷。

改正：今天比昨天冷。

（2）比英语汉语难多了。

改正：汉语比英语难多了。

解析：这两个偏误句子是典型的比较项错位。从偏误句可以看出，留学生还不太明确两个比较项哪个应该在前，哪个应在后，以及它们为什么有这种顺序。我们在教学的时候，首先要教学生怎样区分比较主体和比较客体，也就是哪个是比较前项，哪个是比较后项；然后再告诉学生在一般情况下，作为比较标准的比较后项一般要放在比较前项的后面。应用公式法，让学生加深对比较句语序的认识。

3.2 比较值错位

（1）安东跑得快多了比杰克。

改正：安东比杰克跑得快多了。

（2）玛丽汉语说得流利比杰克。

改正：玛丽汉语说得比杰克流利。

（3）安娜的汉语水平进步了很多比刚来大连的时候。

改正：安娜的汉语水平比刚来大连的时候进步了很多。

解析：由“A+ 比 +B+a”构成的比较句中，比较的结果一般应放在句子的末尾。这几个偏误句的比较结果的位置是错误的，都应调到句子的末尾。留学生出现此类型的偏误，在很大程度上是由母语的负迁移造成的。在英语里，比较句是先说比较结果，最后说比较项 2。如“Andone runs much faster than Jack”。

3.3 程度补语错位

（1）哥哥比弟弟一点儿高。

改正：哥哥比弟弟高一点儿。

（2）这件比那件 50 块钱贵。

改正：这件比那件贵 50 块钱。

解析：这两个偏误句都犯了同样的错误，即把表示具体程度差异的补语放在了形容词的前面，这在语法、语义上都是错误的，表明留学生没有理解这种补语的语法意义、语义关系，比较句中的补语都应放在形容词的后面。在教授这种带有程度补语的“比”字句时，应注意让学生理解这种补语是补充、说明比较结果的，是两个比较项的具体程度差异，应放在形容词的后面。可以用这样的思路：“哥哥比弟弟高——高多少——高一点儿”“这件比那件贵——贵多少——贵 50 块钱”。“比”字句中形容词作谓语时，谓语后可以使用数量词表示具体差别，但不是所有的形容词后面都可以加具体的数量词。一般当“多”“少”“小”“早”“晚”，“高”“低”“贵”“便宜”“厚”“薄”等形容词作谓语时，谓语后可以使用表示具体差别的数量词。

3.4 否定词错位

（1）这件比那件不贵。

改正：这件不比那件贵。

（2）她不跑得比我快。

改正：她跑得不比我快。

（3）她不说得跟中国人一样好。

改正：她说得跟中国人不一样好。或她说得不跟中国人一样好。

解析：例 1 和例 2 是“比字句”的否定形式的误用。比字句中，否定词“不”要放在“比”的前面，用“不比”否定，而不是否定形容词或动词。这是由母语的负迁移造成的。英语里否定词一般放在谓语前。例 3“跟……一样”的比较句中，否定形式可以变成“不跟……一样”或“跟……不一样”。所以，在教学中，教师应该进行对比分析，预测偏误。

3.5 其他形式的语序错位

（1）越来越天气冷了。

改正：天气越来越冷了。

（2）他越来越长得帅了。

改正：他长得越来越帅了。

解析：例 1 中，“越来越”只能在谓语前作状语，而不能放在主语前边，所以改为“天气越来越冷了”。例 2 中，“越来越”不能和形容词分开，“越来越 +a”共同做动词的状态补语。如“她变得越来越漂亮了”。

（3）麦克会跟玛丽一样说汉语。

改正：麦克跟玛丽一样会说汉语。

（4）弟弟跟哥哥都一样喜欢打篮球。

改正：弟弟跟哥哥一样都喜欢打篮球。

解析：能愿动词“能、会”等一般要放在“跟……一样”的后边，谓语动词的前面。例 4 中副词“都”指向谓语动词“喜欢”，而不是“跟”，所以要放在“喜欢”的前面。

（5）这个屋子跟那个屋子一样大小。

改正：这个屋子跟那个屋子大小一样。

解析："A+ 跟 +B+ 一样"比较句中，当有具体的名词表示两个比较项的某方面一样或不一样时，该名词要放在"一样"的前面，而不是后面。"一样"在这里做谓语而不是定语。如"* 我的包跟她的包一样颜色"而应改为"我的包跟她的包颜色一样"。公式为"A+ 跟 +B+N+ 一样"。

（6）我不如她说汉语。

改正：我说汉语不如她。

解析："不如"比较句中，当具体表示比较的某方面时，该词语要放在比较项 1 的后面，"不如"的前面。公式为"A+ 方面 + 不如 +B"。如"小王唱歌不如小李"，不能说"小王不如小李唱歌"。

（7）安东比他的女朋友来早了十分钟。

改正：安东比他的女朋友早来了十分钟。

（8）玛丽多比我吃了一块蛋糕。

改正：玛丽比我多吃了一块蛋糕。

解析：比字句中，当出现"早、晚、快、慢、多、少"等词语，并且还有连带的动词时，其语序为：A+ 比 +B+ 早、晚、快、慢、多、少 +V+ 数量补语。这些形容词要紧挨着比较项 2，谓语动词前，做状语。

4. 结构杂糅

汉语比较句句式多样，每一种句式都有固定的格式，也有其适用的比较词。如果一个比较句中用到两种或两种以上的比较词来构成比较格式，就势必造成比较形式的杂糅。结构杂糅就是把两种或两种以上的结构混杂在一起，放在一个句子当中。留学生在运用比较句时，或者把两种比较句式硬凑在一起，放在一个句子当中；或者把一种比较句式和另外的结构叠加在一起；还有的根据自己的理解生造比较句。

4.1"比"字句和其他句式的杂糅

（1）这个房子比那个房子一样贵。

改正：这个房子跟那个房子一样贵。或这个房子比那个房子贵。

（2）这台电脑比那台不如那台好。

改正：这台电脑不如那台好。

解析：例1是把“比”字句和“跟……一样”两种句式杂糅在一起。例2是把“比”字句和“不如”句杂糅在一起。比较句表达选择其中的一种比较方式就可以了。

4.2“有”字句和“一样”句的杂糅

（1）弟弟有哥哥一样高。

改正：弟弟有哥哥那么高。或弟弟跟哥哥一样高。

（2）大连有东京一样漂亮。

改正：大连跟东京一样漂亮。

解析：这是把“有”字句式和“跟……一样”句式杂糅在一起的偏误句，比较句选择其中的一种比较句式就可以了。学生过分夸大了“有”字句的功能。

近几年，关注不同母语背景的留学生习得现代汉语“比”字句偏误研究的学术论文日渐增多。《日本留学生学习汉语“比”字句的偏误分析及学习建议》关注的群体是日本留学生，通过日本留学生使用“比”字句时产生的偏误情况，考察了母语为日语的学习者习得汉语“比”字句的情况。作者将偏误情况分为六大类，即“比”字句的泛化、“比”字句的回避、“比”字句的杂糅、“比”字句的内部偏误、“比”字句的否定式偏误以及“比”字句某些句式使用偏误，并提出了一些学习建议。《韩国学生学习汉语比较句偏误分析研究》通过问卷调查的形式，针对初级水平的韩国学生习得“比”字句的偏误情况，从比较项的偏误、结论项的偏误、比较标记的偏误、比较点的偏误等角度进行了分析。《美国学生“比”字句偏误研究》以美国学生的作文作为样本材料，对美国学生的偏误进行了总结分类，即语序错误、误加、“不比”句偏误、其他等，认为美国学生习得“比”字句的规律符合已有的留学生“比”字句习得规律研究成果，而不同的教学法会有利于消除不同的偏误。

如果学生在学习比较句时没有完全了解各种不同类型的比较句有不同的比较特征，分别用于不同的比较表达，在使用时就容易把学过的比较句式杂糅在一起。所以我们应从教好单个比较句式做起，让学生掌握好每种比较句的基本格式及适用范围，然后再对各种比较句进行异同比较，让学生知道各句式之间的区别和联系，这样才能让学生在不同的情况下使用合适的句式。另外还要跟学生特别强调，汉语中的每种比较句式都可以独立构成一个完整的比较句，两种比较句式不能存在于一个单句当中。

（二）偏误原因

学生在使用这五种比较句时，会出现很多相同的偏误，如“程度副词的误用”“比较项不对称”“比较值位置错误”“否定词位置错误”等，而且这些方面的偏误率又比较高，说明这些地方都是学生学习的重点和难点。因此教师在教学中要善于分析，总结规律，找出这些偏误产生的原因，采取各种手段避免偏误，尤其是对学生容易出现错误的地方，教师要详细讲解，反复强调。比如教师在教学的过程中，首先一定要提醒学生注意对比较句式的整体把握，其内部各组成部分的位置不可随意调换；其次要反复强调在比较句中不能使用，“很”“太”“非常”等程度副词；最后还应详细讲解比较项部分成分的省略规律和各种比较句式的否定形式及语义差别。

周小兵先生在《外国人学汉语语法偏误研究》中阐述了偏误原因分析的重要性。他认为“从二语习得角度看，只有了解偏误来源，才能真正把握二语习得的热点和规律，才能真正弄清楚中介语发展的过程和阶段。从教学角度看，弄清楚了偏误来源，才能有的放矢地进行教学。”Selinker（1974）确定了5项从中介语中所反映的学习策略。从某种意义上讲，这些策略也可以视为产生偏误的渊源。第一是母语负迁移；第二是泛用语言规则；第三是教学误导；第四是学习者自己采用了不适合语言习得的策略；第五是所用的语言交流策略不得体。

我们结合 Selinker 的理论以及参考前人研究成果认为，第二语言习得者在学习“比”字句时产生偏误的主要原因有以下四点：母语负迁移、目的语泛化、学习策略、教材和教学方法。

1.母语负迁移

学习者在进行第二语言学习时，通常会产生语言迁移的现象。所谓语言迁移，是指“学习者已经存在的语言（母语）知识影响二语（外语）的习得和发展的现象”。其中，受母语影响而产生的迁移是母语迁移，也称为语际迁移。然而，迁移又可分为正迁移和负迁移，正迁移是指对第二语言学习起促进作用的迁移；负迁移是指对第二语言学习起阻碍作用的迁移。因此，母语负迁移是指第二语言学习者的母语对第二语言起到阻碍作用的迁移。

（1）* 你和我大一样

（2）* 蛋糕比面包一样好吃

（3）* 小猫一样小狗可爱（胡亮节 2006：19）

胡亮节（2006）指出，“跟（和、同、与、像）……，一样”句泰语中有与其相对应的表达形式，所以学生学起来感觉并不吃力，但由于泰语和汉语在这一句式上表达语序不相同，这一差别就造成了学生在使用该句式时同样出现了位置错误这一最大的偏误类型。

（1）* 他会汉语和我一样。

（2）* 很多中国学生也来这儿看书跟我一样。

（3）* 我觉得越南人应该认真团结跟罗尤君和欧姬一样。（肖小平 2004：11）

肖小平（2004）解释为：“跟……一样”“像……一样”格式中，介词“跟”“像”引介比较对象，与“一样”构成比较标记格式，在结论项的谓语中心 Vp 前做状语，越南留学生常常把比较标记格式放在谓语 Vp 的后边，造成错序偏误。石玮（2012）举例说明在汉语“比”字句中，“X 比 Y+ 更（还）+ 形容词”这一比较句式，在越南语中为“X+ 更（还）+ 形容词 + 比 +Y”或者“X+ 更（还）比 Y+ 形容词”。例如，汉语中说“我姐姐比她还漂亮”，而在越南语中则说“我姐姐还漂亮比她”。

（1）* 杰克汉语说得流利比我。

（2）* 他跑得快比我。（刘峰 2004：15）

针对上述偏误例子，刘峰（2004）作出这样的解释：留学生出现此类型的偏误，在很大程度上是由母语的负迁移造成的。这里的母语应是英语，大家知道，英语典型比较句的基本格式与汉语相比，也可概括为：X+W+htna+Y，X、Y 是比较项，W 是比较值。如：I am taller than you，翻译成汉语应是“我比你高”。英语的比较值位于比较后项的前面，而汉语的则在比较后项的后面。受英语的影响，留学生把比较值前移了。

（1）* 她的衣服比别人不多

（2）* 咖啡比茶对身体不好（王林 2013：22）

王林（2013）由语料统计数据得出，韩国留学生习得汉语比较句否定副词“不”的偏误最多，并且此偏误受母语负迁移的影响最大。韩国语是黏着型语言，一般在句末表示否定义。

2. 目的语泛化

“泛化”指的是学生在二语习得中语言应用上的一种偏误，学习者将其所学到的不充分、有限的目的语语法和语用规则经过其内在的心理推理机制，将一些不恰当的规则套用在当前学习的目的语身上，这一现象就叫作目的语的过度泛化或过度概括。

（1）* 我比你不高。

（2）* 弟弟比你不聪明。

（3）* 爷爷比奶奶不了解我。

（4）* 这本词典比那本词典不厚。（胡亮节 2006：17）

胡亮节（2006）解释为：以上四个错句都是由于否定词“不”放错了位置，泰国学生容易把比较值放在比较词“比”的前而，出现类似“我高比你”这样的错误，但是在教师纠正后，他们知道比较值应位于句子末尾，然而当句中又多了一个否定词时，他们便认为这个否定词是修饰比较值的，应该随比较值一起移到句尾。正是这种错误的有限目的语知识的推导出现了否定词位置错误这一偏误类型。

目的语的过度泛化现象多出在学习者的中、高级阶段，对于初级水平的汉语习得者来说，在习得过程中除了母语的负迁移作用之外，其次影响最大的就是目的语知识的过度泛化。肖小平（2004）指出在句法结构上比较句比一般单句结构相对复杂些，涉及补语、重动句等语法点。而出现偏误较多的句式以及学生回避使用的句式也大多是结构比较复杂的句式，如带补语的比较句式。补语是汉语有别于其他语言的一大特点，是外国留学生习得汉语的一大难点，套用到比较句中，增大了比较句的难度，越南留学生很少使用。因此在比较句的学习中，为了保证学生语言学习的积极性，我们不能全面否定目的语泛化的现象，但也要掌握好尺度，不能让学生放任自流，最后适得其反，产生更多的偏误。要想达到良好的习得效果，这就需要教师在教学过程中要对学生进行适度的引导，帮助学生克服并减少不必要的泛化。

王林（2013）通过偏误语料的整理和分析，总结出了韩国留学生三种因目的语泛化而导致的偏误。一是比较标记的混用。例如：

（1）我学习汉语的时间比妹妹学习汉语的时间一样长。

（2）我穿裙子比穿裤子一样好看。

（3）光州的天气比山东青岛的天气一样很好。（王林 2013：24）

二是其他句式和比较句混乱搭配。例如：

（1）我把饭吃完比弟弟快。

（2）爸爸在家比我不做家务活懒。

（3）我会唱很多中国歌比日本歌多。（王林 2013：24）

三是带补语的比较句式搭配错误。例如：

（1）中国菜比韩国菜油腻得不得了。

（2）今天天气比昨天热死了。

（3）汉语比韩语难得要命。（王林 2013：25）

3. 学习策略

（1）* 你的想法比我的一样。

（2）* 他要买一本比你那本一样的书。（刘峰 2004：22）

刘峰（2004）针对上述例子，认为留学生出现这种偏误，和他们的学习策略、学习方法有很大的关系。类推是留学生尤其是成年学习者常用的一种学习策略，他们利用自己善于抽象思维的优势，在没有完全理解或掌握某一规则的情况下，利用类比、累加、叠加等方式，生硬组合，根据自己的理解生造出一些偏误句来。留学生在表达的时候感到需要运用比较句，但由于汉语的比较句式较多，自己又没能掌握好各种比较句，所以就拿不准该用哪种句式，为了保险起见，干脆把自己认为能用的比较句都用上，由此，就出现了这种结构杂糅的偏误句。

胡亮节（2006）在对所有的泰国学生使用汉语比较句的情况调查时，我们几乎没有发现一例使用“比……还 / 更”的情况，究其原因，一是教师的疏忽，在教学时没有意识到这一“比”字句的特殊情况，或者一句带过；二是学生的回避，因为泰语中没有类似的表达，学生拿不准该怎么用，就干脆避免使用了。泰语中没有和“有 / 没有”句相对应的比较句，如果一定要用一种比较句式来翻译的话，那翻译出来的结果和“一样”句是相同的。也就是说泰语中没有这种表示“达到”义的比较句式，它只有表示差别的和表示无差别的两种，因此这种比较句的学习相对比较难一些，教师在讲解时也更费力一点。学生通常情况下也都不喜欢使用这种句式，往往采用回避的学习策略。

4. 教材和教学方法

我们在考察留学生使用“比”字句的情况时发现，学生使用“比”字句时出现的偏误率很高，不仅在初级阶段是这样，而且在中级甚至高级阶段也还出现很多偏误。刘峰（2004）认为出现这种情况的一个重要原因就是没有对“比”字句进行分等级教学，目前对“比”字句的教学过于集中，也就是说把“比”字句的各种形式在一个较短的时间内都交给了学生，使学生难以在短时间内掌握“比”字句的各种形式。《汉语水平等级标准与语法等级大纲》把“比”字句切分为甲、乙、丙、丁四个等级，但是我们认为这种对“比”字句的切分过于粗疏。在一般的对外汉语教材中，“比”字句只出现在基础阶段，有的教材甚至将“比”字句的教学安排在一课之内完成。

石玮（2012）认为对外汉语教材在对汉语比较句的编排上没有统一的标准，每一种教材都有它的编排方式。有些教材只是简单地介绍了几种比较句式。《实用速成汉语》这一本教材就是只介绍了“比”字句，“一样”句和“越来越”句。而在《汉语教程》和《发展汉语》这两本教材中，就将“比”字句、“一样”句、“越来越”句、“有 / 没有”句、“不如”句和“像”字句这六种全部被收入了教材中。《汉语初级教程》和《汉语教程》都是先对“比”字句进行讲解，接着讲“一样”句，而《发展汉语》这本教材正好相反，将“比”字句放在“一样”句之后讲解。有些教材把比较句放在上下两册教材中分别进行教学，比如说《实用汉语课本》和《新汉语教程》，而有些教材则把所有比较句式放在一册书中进行集中讲解。

吴冬雪（2016）通过对黑龙江大学国际文化教育学院留学生所使用的对外汉语教材以及对书店中留学生常阅览的对外汉语教材的考察，我们发现现有的对外教材普遍存在以下两个问题：一是对知识点的讲解过于简单；二是对比较句各句式的教学主要集中在初级阶段，中高级阶段对部分重要的比较句式重现率过低。

三、比较句的教学对策

汉语作为第二语言的教学和作为第一语言的教学存在很多不同之处，既与汉语自身的特点有关，又和学习者的不同的母语密切相关，包括学习者年龄层次不同，迁移作用不同，学习环境不同，文化背景不同，学生个体差异不同，教学内容和教学重点、难点不同，教学方法不同七个方面。在对外汉语比较句的教学中尤其如此。对外汉语教师自己必须真正掌握比较句，对造成偏误的原因、偏误的类型等要有清楚的认识，然后确定汉语比较句习得的重点和难点，针对难点反复进行有针对性的练习，这样才能使学生减少偏误。同时教师要灵活多变地运用各种教学策略，巧妙地设计教学活动，充分调动学生的积极性、主动性和创造性。教学大纲和教材应该对比较句加以重视，并且将比较句的普通句式和变式句式都列入大纲，遵循“先易后难”的原则进行教学，并且结合其语法、语用价值进行分析。综合各家研究成果，我们将对外汉语比较句教学的教学对策总结如下。

（一）重视比较句的教学顺序

吕文华在《对外汉语教学语法探索》中曾指出：“按照‘比’字句各句式使用情况的难易程度，可将其分为十个不同的等级进行教学”。吴冬雪（2016）认为这一分等级教学的教学设置符合语法教学的规律和学生的习得特点，有助于学生系统地识记语言点，循序渐进地掌握比较句这一语法点，对教师在

“比”字句的教学中有重要的借鉴意义。

刘峰（2004）认为“比”字句应按形式的由简及繁、语义的由浅入深进行不同等级的层次切分，并将“比”字句的教学按切分后的语法项目分布在教学的初级、中级、高级阶段以及各阶段不同的课中。刘峰指出在进行比较句教学时应把分解式教学和综合式教学结合起来，既要重视句式组成部分的教学，又要强调句式的整体性教学——综合式教学。忽视了分解式教学，学生容易出现如比较项、比较值等构成部分方面的偏误；忽视了综合式教学，学生容易出现句式结构不完整、句式错误等方面的偏误。这就需要我们在分解教学的基础上进行综合式教学，把两种教学方法有机地结合起来。

我们知道对于第二语言习得者来说，在短时间内掌握比较句的多种类型是不可能的。因此，在进行比较句教学时，要注意遵循由易到难的顺序，让学生在牢固掌握比较句简单句型的基础上逐步增加复杂句式的教学。

（二）加强练习

在进行比较句的练习时，教师要想方设法地设计出有代表性的练习，对学生进行有针对性的训练，并对出现的问题及时进行总结和讲解，使学生真正掌握其中的规律。

王丽元（2013）提出对“比”字句的练习可以从以下三个方面来进行，即机械练习、理解性练习和交际练习。通过机械练习的方法，不但学生能掌握最基本的“比”字句式，教师也能纠正学生在语音等方面的错误，从而达到一举多得的效果。理解性练习的方法有很多，如造句、填空、改错、简单对比等，它通过多种形式继续进行熟练训练，并在有意义的情境中使学生加深对所学语法点的理解，为下面的交际练习打下基础。教师在课堂上利用或创造交际环境，使学生把所学语法点运用于实际交际中的练习。在“比”字句的语法练习方面，教师可以给学生设定交际场景，在这一场景中一定会用到含有某一语法点的句型，学生通过在实际交际场景中运用语法知识，既能牢固地掌握语法点，又能进行实际的交际会话练习。

王林（2013）在教学实践中发现紧密联系生活、设计相关情境对学生学习比较句有很大的帮助。在课堂教学中，教师可以以学生自身为例，用年龄、身高等作为话题，引导学生根据自己的情况运用比较句。比如教师在黑板上写下比较句的公式“A 比 BW”，再以班里的两个学生为例，问各自的年龄，然后提问学生：“A（课堂中可以以学生的姓名代替）今年 18 岁，B 今年 15 岁，那么我们可以说 A 比 B 怎么样？”学生回答：“A 比 B 大”，教师进一步引导：“A 比 B 大几岁？”学生回答：“A 比 B 大三岁”，教师还可以继续引导学生说出“B 比 A 小三岁”等比较句。教师根据学生自身情况进行情境设计，有助于营造课堂气氛，帮助学生提高对比较句的掌握和记忆能力。

对外汉语教学必须坚持“以教师为主导，学生为主体”的教学原则，教师少说，学生多练。同时，在课堂教学中，教师要对某些重要的和较难辨析的语法项目的教学尽可能多地设置语言情境，积极利用多媒体等教学媒介辅助教学，加强练习，使学生尽可能多地去接触每个句式的言语交际环境，从而使学生深入体会各句式之间细微的语用差别。

（三）重视对比分析

在比较句教学中，注意母语的负迁移。母语为以英语为代表的印欧语系的语言、韩语、日语等不同语言的学生，往往由于母语的语际迁移导致不同的偏误，而这些偏误在同一母语的学生中往往是普遍出现，那么教师在对外汉语教学中就应当根据其母语的情况有针对性地展开教学。

（1）*他的家大比我。

（2）*他今天来得早一点儿比我。

（3）*现在的天气温暖比几天前。

（4）*没有人在我心里更重要比你。（刘畅 2011：28）

刘畅（2011）认为一般介词词组“比 + 被比较的人 / 事物”应放在比较值的前面。比较值是两个比较项在进行比较之后得到的结果，一般位于句子末尾。以上偏误句的比较值成分都应该放到句子末尾处。通过对语料来源的学生国籍进行调查发现，出现此类偏误的学生大部分来自英语国家，所以偏误形成的原因很有可能是由于母语负迁移造成的。因为在英语比较格式中，比较值位于比较项前，而汉语则相反。所以学生在使用的时候很容易受到母语的影响，这就需要教师讲解的时候，让学生能认识到汉语中比较值的位置与英语中比较值的位置的不同，减少母语负迁移对比较句习得的影响。

此外，目的语的过度泛化现象多出在学习者的中、高级阶段，对于初级水平的汉语习得者来说，在习得过程中除了母语的负迁移作用之外，其次影响最大的就是目的语知识的过度泛化。例如“比”字句的否定形式包括“不比”句、“不如”句和“没有”句三种句式，但是这三种句式在不同的语言环境下，其使用情况是不一样的。吴冬雪（2016）指出教师在讲解这一语法点时，若不能将这三个句式在语义、句法和语用等方面的特点讲解清楚，那么学生在使用时就很容易造成“比”字句否定形式的泛化。

教师应当对学生的母语有一定的了解，随着对外汉语教学研究的深入，很多对外汉语中的教学重点与难点都有学者进行了深入研究，从事对外汉语教学的教师及时关注这些学术成果，从而可以借助这些研究成果展开教学。

（四）加强教材编写

石玮（2012）对教材的编写及选择方面提出自己的观点。主要两点：一是在选择教材的时候也应该遵循循序渐进的原则。对比较句的教学要分等级，这样分等级地对比较句进行分类，有层次的教学，符合学生的学习心理和习得过程。对每个句式能充分地消化吸收。二是教材在对比较句的注释方面应细化。教材应及时吸收最新的科研成果，细化语法点，不断补充，力图通过最简单、最有效的方法讲解比较句。第二语言的教学跟母语教学不同，学生没有语感，只能依靠教材中的解释说明，和目的语的语法使用规则进行学习，所以他们需要弄清楚使用规则及限制条件。

肖小平（2004）指出从越南留学生的习得情况看，偏误普遍存在初、中、高三级，而且三个习得阶段在句式的使用上都倾向于使用简单的句式，因此把教学局限在初级阶段不能使学生真正习得汉语比较句，应把比较句教学分散在各个阶段进行。同时，教材对比较句的编排应系统介绍，因为比较是语言中一种重要的表达方式，如果编排残缺不全，势必造成学生表达方面的不全面。从对越南留学生的习作的考察可以看出：他们经常只运用某类或某几类句式，比较句的运用不够全面。这与教材对比较句不全面、不系统的介绍有很大的关系。

作为一线的对外汉语教师，应该加强理论和教学实践的结合，充分了解比较句各句式之间的内部联系，并在实际的教学过程中，结合学生习得比较句式出现的偏误情况，分析学生的心理过程和习得特点，合理地设计教学的重难点，打破一般教材现有的语法设置模式，根据学生实际设置出一个比较合理有效的对外汉语语法教学体系。

参考文献

[1] 佟慧君:《外国人学汉语病句分析》，北京语言学院出版社 1986 年版。

[2] 李大忠:《外国人学汉语语法偏误分析》，北京语言大学出版社 2006 年版。

[3] 叶盼云:《外国人学汉语疑点释疑》，北京语言大学出版社 1999 年版。

[4] 吕叔湘:《中国文法要略》，商务印书馆 2004 年版。

[5] 卢福波:《对外汉语教学实用语法》，北京语言学院出版社 2002 年版。

[6] 朱德熙:《现代汉语形容词研究》，商务印书馆 1956 年版。

[7] 王建勤:《汉语作为第二语言的习得研究》，北京语言文化大学出版社 1997 年版。

[8] 周小兵:《外国人学汉语语法偏误研究》，北京语言大学出版社 2007 年版。

[9] 温晓红:《汉语作为外语的习得研究》，北京大学出版社 2008 年版。

[10] 邵敬敏:《现代汉语通论》，上海教育出版社 2001 年版。

[11] 张斌:《现代汉语语法分析》，华东师范大学出版社 2006 年版。

[12] 刘珣:《对外汉语教学概论》，北京语言大学出版社 2004 年版。

[13] 李勉东:《现代汉语语法研究》，东北师范大学出版社 2003 年版。

[14] 许国萍:《“比”字句研究综述》，《汉语学习》1996 年第 6 期。

［15］李志兵：《“比”字句研究简述》，《玉溪师范学院学报》2006 年第 4 期。

［16］饶春：《美国学生“比”字句偏误研究》，《和田师范专科学校学报》2011 年第 4 期。

［17］张海燕、刘荣：《二语习得过程中母语负迁移的表现极其对策》，《太原理工大学学报》2005 年第 1 期。

［18］刘晓玲：《“比”字句在对外汉语中的教与学》，《现代语文（语言研究）》2011 年第 5 期。

［19］叶盼云、吴中伟：《外国人学汉语难点释疑》，北京语言大学出版社，1999 年版。

［20］王丽元：《对外汉语教学中的“比”字句研究》，《山东师范大学硕士论文》2013 年。

［21］刘峰：《留学生汉语比较句偏误分析》，《暨南大学硕士论文》2004 年。

［22］张蕾：《留学生习得汉语比较句研究》，《陕西师范大学硕士论文》2008 年。

［23］刘月华：《实用现代汉语语法》，商务印书馆 2003 年版。

［24］马真：《“比”字句内比较项的替换规律试探》，《中国语文》1986 年第 2 期。

［25］刘慧英：《小议“比”字句内比较项的不对称结构》，《汉语学习》1992 年第 5 期。

［26］李剑锋：《“跟 X—样”及相关句式考察》，《汉语学习》2002 年第 6 期。

［27］鲁健骥：《中介语研究中的几个问题》，《对外汉语教学思考集》1998 年第 1 期。

［28］国家对外汉语教学领导小组办公室汉语水平考试部：《汉语水平等级标准与语法等级大纲》，高等教育出版社 1996 年版。

［29］吴冬雪：《初级阶段留学生汉语比较句习得偏误研究》，《黑龙江大学硕士论文》2016 年。

［30］徐燕青：《“不比”型比较句的语义类型》，《语言教学与研究》1998

年第 2 期。

［31］邵敬敏：《"比"字句替换规律刍议》，《中国语文》1990 年第 6 期。

［32］唐厚广：《"不如"句研究》，《锦州师范学院学报（哲社版）》1997 年第 2 期。

［33］李向农：《再说"跟……一样"及其相关句式》，《语言教学与研究》1999 年第 3 期。

［34］刘苏乔：《表比较的"有"字句浅析》，《语言教学与研究》2002 年第 2 期。

［35］殷志平：《"比"字句浅论》，《中国语文》1987 年第 4 期。

［36］鲁健骥：《中介语理论与外国人学习汉语的语音偏误分析》，《语言教学与研究》1984 年第 3 期。

［37］鲁健骥：《偏误分析与对外汉语教学》，《语言文字应用》1992 年第 1 期。

［38］齐沪扬：《对外汉语教学语法》，复旦大学出版社 2005 年版。

［39］任海波：《现代汉语"比"字句结论项的类型》，《语言教学与研究》1987 年第 4 期。

［40］史有为：《说说"没有我水平低"》，《汉语学习》1994 年第 4 期。

［41］施家炜：《外国留学 22 类现代汉语句式的习得顺序研究》，《世界汉语教学》2002 年第 3 期。

［42］唐曙霞：《试论"A 还不如 B"中的"还"》，《南京大学学报》1995 年第 4 期。

［43］王还：《对外汉语语法教学大纲》，北京语言学院出版社 1995 年版。

［44］朱德熙：《关于"比"字句语法研究与探索》，北京大学出版社 1983 年版。

［45］陈珺、周小兵：《比较句语法项目的选取和排序》，《语言教学与研究》2005 年第 2 期。

［46］许国萍：《"比"字句研究综述》，《汉语学习》1996 年第 6 期。

［47］陈珺：《比较句语法项目的习得难度考察》，《华南师范大学学报（社

会科学版)》2010 年第 3 期。

［48］石玮:《留学生汉语比较句偏误分析及对策》,《广西大学硕士论文》2012 年。

［49］肖小平:《越南留学生汉语比较句偏误分析及习得顺序考察》,《广西师范大学硕士论文》2004 年。

［50］胡亮节:《泰国学生汉语比较句习得偏误分析》,《云南师范大学硕士论文》2006 年。

［51］王林:《韩国学生学习汉语比较句偏误分析研究》,《湖南大学硕士论文》2013 年。

［52］刘畅:《留学生比较句的习得与偏误分析》,《辽宁师范大学硕士论文》2011 年。

［53］陆福玲:《对外汉语教学视野下的“比”字句研究》,《内蒙古师范大学硕士论文》2011 年。